Big Data.
IFCT128PO

José Antonio Castillo Romero

Paula Rosado Jiménez

ic editorial

Big Data. **IFCT128PO**
© José Antonio Castillo Romero
© Paula Rosado Jiménez

1ª Edición

© IC Editorial, 2024

Editado por: IC Editorial
c/ Cueva de Viera, 2, Local 3
Centro Negocios CADI
29200 Antequera (Málaga)
Teléfono: 952 70 60 04
Fax: 952 84 55 03
Correo electrónico: iceditorial@iceditorial.com
Internet: www.iceditorial.com

ISBN: 978-84-1184-485-7
Depósito Legal: MA 2721-2024

Impresión: PODiPrint
Impreso en Andalucía – España

Nota de la editorial: IC Editorial pertenece a Innovación y Cualificación S. L.

Especialidad formativa

Se entiende por especialidad formativa la agrupación de contenidos, competencias profesionales y especificaciones técnicas que responde a un conjunto de actividades de trabajo enmarcadas en una fase del proceso de producción y con funciones afines.

Las especialidades formativas de Uso General, Formación Complementaria, Formación Modular y las especialidades formativas dirigidas a la obtención de certificados de profesionalidad se incluyen en el Fichero de Especialidades del Servicio Público de Empleo Estatal para su gestión en todo el territorio nacional por cualquier Administración competente.

Las especialidades complementarias, pertenecen todas a la Familia profesional de Formación Complementaria (FCO) y tienen la consideración de formación transversal en áreas que se consideran prioritarias tanto en el marco de la Estrategia Europea para el Empleo y del Sistema Nacional de Empleo como en las directrices establecidas por la Unión Europea. Se consideran áreas prioritarias las relativas a tecnologías de la información y la comunicación, la prevención de riesgos laborales, la sensibilización en medio ambiente, la promoción de la igualdad, la orientación profesional y aquellas otras que se establezcan por la Administración competente.

Las especialidades de Certificado de profesionalidad tienen una duración especificada en su normativa reguladora.

En el resultado de la búsqueda, se muestran las unidades de competencia, todos los módulos formativos con su duración y las unidades formativas del certificado correspondiente, con su duración. Las horas del certificado, exclusivo de las especialidades de certificado de profesionalidad, con alta igual o superior a 2008, son las horas totales más las horas del módulo de Prácticas Profesionales no Laborales.

> **Si la especialidad tiene unidades formativas,** las horas totales, presencial, distancia, teleformación serán igual a la suma de esas horas de las unidades formativas de los distintos módulos, sin que se repita ninguna Unidad formativa.

➲ **Si la especialidad no tiene unidades formativas,** las horas totales, presencial, distancia, teleformación serán igual a las sumas de esas horas de los módulos formativos, eliminando las horas de los módulos repetidos.

https://sede.sepe.gob.es/especialidadesformativas/RXBuscadorEFRED/BusquedaEspecialidades.do

(Fuente: Servicio Público de Empleo Estatal)

Índice

Unidad de Aprendizaje 1
Antecedentes, definiciones y bases para un correcto entendimiento

1. Introducción	11
2. Antecedentes	11
3. Definición de *big data*	23
4. Bases de establecimiento del *big data*	25
5. Resumen	29
Ejercicios de autoevaluación	31

Unidad de Aprendizaje 2
La importancia del dato

1. Introducción	37
2. El valor del dato	37
3. Problemas que aparecen en la recogida de datos	56
4. El presente y futuro de los datos: normativa y aplicaciones	63
5. Resumen	67
Ejercicios de autoevaluación	71

Unidad de Aprendizaje 3
Algunos conceptos técnicos de la analítica tradicional

1. Introducción	77
2. Analítica tradicional vs. *big data*	77
3. Componentes del *business intelligence*	80
4. Herramientas *Front-end*	87
5. Resumen	100
Ejercicios de autoevaluación	103

Unidad de Aprendizaje 4
Representación de los datos

1. Introducción	109
2. Orígenes de datos en *big data*	109
3. Representación de datos	113
4. Resumen	127
Ejercicios de autoevaluación	129

Unidad de Aprendizaje 5
Introducción al *big data*

1. Introducción	135
2. Definiendo el *big data*	135
3. Tecnología *big data*	138
4. Resumen	157
Ejercicios de autoevaluación	159

Unidad de Aprendizaje 6
Introducción a la analítica avanzada

1. Introducción	167
2. Analítica avanzada: las preguntas no se responden, se crean	168
3. Analítica predictiva	169
4. Analítica prescriptiva	187
5. Resumen	191
Ejercicios de autoevaluación	195

Glosario	201
Bibliografía	209

OBJETIVOS GENERALES

El objetivo general del **IFCT128PO.** *Big Data,* es el siguiente:

➲ Participar en diálogos sobre competencias clave en su entorno profesional, conocer un mercado –tecnológico– en constante expansión, realizar
breve inmersión en el mundo analítico actual y ser capaz de acceder a
casos de éxito en distintos sectores.

Antecedentes, definiciones y bases para un correcto entendimiento

Contenido

1. Introducción
2. Antecedentes
3. Definición de *big data*
4. Bases de establecimiento del
   big data
5. Resumen

Objetivos

El objetivo general de esta Unidad de Aprendizaje es:

→ Entender el contexto en el que se sitúa el *big data* y cómo surge a través del desarrollo de diferentes soluciones para trabajar con los datos, así como conocer estas soluciones.

Los objetivos específicos de esta Unidad de Aprendizaje son:

→ Entender qué es y la importancia del *business intelligence (BI)*.

→ Identificar el proceso de funcionamiento del *BI*.

→ Saber cómo se integra el *data mining* y qué aporta en el *BI*.

→ Conocer la función del *machine learning*.

→ Identificar qué es y las funciones del científico de datos.

→ Definir correctamente el término *big data* y comprender su alcance.

→ Familiarizarse con los diferentes conceptos relacionados con el *big data*.

→ Saber qué aportó la invención del *MapReduce* al *big data*.

1. Introducción

A lo largo de la historia, y desde que tenemos uso de razón, el ser humano ha basado su existencia en el **conocimiento** y en utilizar este para evolucionar. El uso de los datos a nuestro alrededor ha sido clave para adquirir conocimiento en todas las etapas de la historia, pero es ahora cuando este ha adquirido un papel esencial en nuestra forma de entender vida.

El uso de las nuevas tecnologías hace posible que puedas estar conectado a otras personas en cualquier parte del mundo. Esto implica que continuamente estás generando información que debe ser procesada y enviada, y es así cómo surge el problema de nuestro tiempo: cómo usar eficazmente la abrumadora cantidad de datos que creamos para fines productivos.

En esta unidad de aprendizaje comenzaremos con un repaso a los antecedentes del *big data* concentrados durante el siglo XX y los comienzos del siglo XXI. Por supuesto el análisis de datos comenzó mucho antes, con la historia del ser humano, pero el verdadero cambio de paradigma hacia el *big data* fue impulsado por el desarrollo de la estadística como ciencia, y la computación informática como herramienta.

Por otro lado, aprenderás los conceptos clave que te ofrecerán una mejor comprensión de lo que hoy día significa el *big data*, descubriendo cómo se originó este término y su crecimiento.

Para ello, nos centraremos en el caso de TextilTek, S. L., empresa de moda con más de 50 años de experiencia, que cuenta con puntos de venta en diferentes zonas de España y, además, venta *online* personalizada. Gracias a su creciente expansión, recientemente han comenzado a implantar un sistema de *big data* para estudiar en detalle los clientes, sus gustos y el mercado y obtener ventaja sobre sus competidores.

2. Antecedentes

Para que te puedas situar adecuadamente en lo que trata este curso, necesitarás conocer multitud de términos, que seguramente hayas oído a través de los medios de comunicación o de tus propios compañeros, tales como **business intelligence, data mining o machine learning.**

Pero antes de abordar todos estos temas, conviene que sepas que lo que vas a estudiar no es algo que acaba de surgir, ya que el ser humano ha usado datos desde que comenzó a tener conocimiento.

Por ello, y para que sea más fácil ponerte en contexto, verás cómo se ha producido esta evolución desde el principio de los tiempos, donde el **uso de información** era tan simple como saber las existencias de alimentos con las que contábamos, hasta la complejidad con la que actualmente funciona nuestro día a día.

Por supuesto, se hará una especial mención a la importancia que ha tenido la evolución del uso de información para los negocios ya que, en gran medida, la forma en que se ve actualmente el mundo se debe a ellos.

Evolución del ser humano desde el punto de vista tecnológico

2.1. La información en la era digital

👉 HILO CONDUCTOR

En TextilTek, S. L., conocen bien el alcance de internet, ya que hace varios años implantaron las ventas *online* a través de su página web. Para la gestión de clientes implantaron una base de datos, donde almacenaban los datos de los clientes y las compras que estos realizaban.

El año 1938 marca un antes y un después definitivo en nuestra historia gracias a la **invención de la computadora.** La primera computadora estaba construida mediante relés, aunque rápidamente estos fueron reemplazados por tubos de vacío, precursores de los tan utilizados **transistores.**

La empresa **IBM** tuvo un papel fundamental en el desarrollo de estas computadoras, siendo hoy día una de las empresas más grandes y avanzadas del mundo en informática y **consultoría tecnológica.**

Posteriormente, y no muchos años después, se desarrollaron las comunicaciones entre computadoras. La idea era mantener una comunicación de datos mediante dos o más computadoras a través de un hilo conductor, y es así como en 1981, y gracias al protocolo *TCP/IP,* nació internet y posteriormente en 1991 se anunció la *World Wide Web.*

Internet ha supuesto hasta el día de hoy una revolución, en la que millones de datos son movidos en **tiempo real** de un extremo al otro del mundo, estando esto en continuo crecimiento y provocando que cualquier tipo de máquina de procesado se quede pequeña frente a tal cantidad de datos, y es así como surge el término *big data,* aunque aún debes conocer un poco más su origen:

- **1928.** Invención del primer **sistema magnético de almacenamiento de datos,** creado por **Fritz Pfleumer.** Concretamente fue capaz de almacenar sonido en una cinta magnética.
- **1958.** El investigador de IBM, **Hans Peter Luhn,** definió la *business Intelligence (BI)* como un **proceso de aprendizaje** de hechos que permite emprender acciones sobre la meta que se desee.
- **1965.** Creación del primer centro de datos del mundo en Estados Unidos para almacenar huellas y declaraciones de impuestos de la población.
- **1970.** IBM crea la primera **base de datos relacional** que puede ser utilizada por cualquier persona sin conocimientos de computación.
- **1989. Erik Larson,** periodista estadounidense, habló por vez primera de *big data* en una revista. A raíz de este hecho, se empezaron a utilizar herramientas de *business intelligence.*
- **1996.** Por primera vez en la historia, el precio del almacenamiento digital y su acceso es más barato que el papel, siendo clave en la historia del *big data.*
- **1999.** El término "Internet de las Cosas" fue acuñado por Kevin Ashton del MIT. El concepto ganó impulso a medida que la conectividad a internet se volvió más ubicua y los dispositivos se volvieron más inteligentes y accesibles.
- **2005.** Se crea la **Web 2.0,** en la que los usuarios pueden crear contenido, lo cual supone otra revolución en cuanto a la creación de datos.
- **2008.** Crisis financiera y avance en redes sociales. Las **redes sociales** como *Facebook* y X (antiguo *Twitter)* experimentan un crecimiento significativo como fuente de datos.
- **2011.** Surgimiento de la **Computación en la Nube.** Esta gana relevancia, permitiendo el acceso y almacenamiento de datos de forma remota y escalable.

- **2017.** Introducción del **Reglamento General de Protección de Datos** (GDPR) en la Unión Europea.
- **2018.** Auge de la **inteligencia artificial** (IA) en el análisis de datos. Integración más estrecha de técnicas de aprendizaje automático en plataformas de big data.
- **2020.** OpenAI lanza **GPT-3** *(Generative Pre-trained Transformer 3).* Con 175 mil millones de parámetros, GPT-3 es uno de los modelos de lenguaje más grandes y poderosos hasta la fecha.
- **2022.** Integración de *big* data con **blockchain, edge computing** y otras **tecnologías** para soluciones más completas.
- **2023.** Exploración de la **computación cuántica** para abordar **desafíos de procesamiento de datos** a una escala aún mayor.
- **2024.** Integración de capacidades más avanzadas de **machine learning y automatización** para mejorar la eficiencia en el análisis de *big data.*

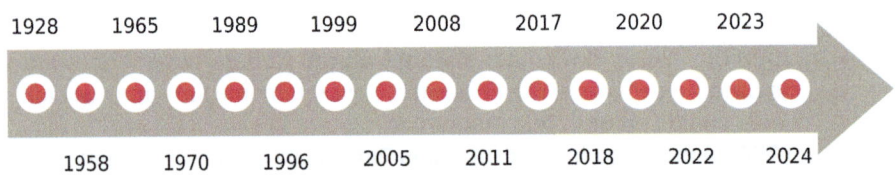

PARA SABER MÁS

El *internet de las cosas* es otro término que habrás escuchado en los medios de comunicación infinidad de veces. Para saber qué es, puedes visitar este enlace:

https://redirectoronline.com/ifct128po0101

2.2. *Business intelligence* aplicado a los negocios

☞ HILO CONDUCTOR

En el caso de TextilTek, no tenían grandes bases de datos y, por tanto, se podían analizar de forma fácil. Hasta ahora tenían programado un método por el cual, si llegaban artículos nuevos en *stock* que coincidían con los tipos comprados por los clientes, se les enviaba una alerta a estos. Pero han comprobado que cada vez más personas han rechazado esta información por entenderlo como *spam* (no deseada).

Hoy en día, utilizamos los datos como si de otra moneda de cambio se tratase. Los análisis realizados muestran que diariamente se generan 2,5 cuatrillones de *bytes,* es decir, hablamos del orden de **zettabytes.** Estos datos debidamente usados por las empresas les pueden aportar grandes ventajas competitivas.

Hablando de tal cantidad de datos diariamente generados, se convierte en un elemento crítico para empresas de todo el mundo el lograr una gestión correcta de los mismos. Por ello, será necesario que estas tengan casi obligatoriamente sistemas capaces de analizar los datos que acumulan cada una de las áreas funcionales de las mismas, así como los datos externos a ellas, que tanta relevancia tendrán para obtener una ventaja competitiva.

A raíz de estos problemas es cómo surge la **analítica de datos,** desde la invención del *business intelligence* hasta el *big data.* El objetivo no es otro que el de analizar cada vez mayor cantidad de datos **estructurados y no estructurados** más rápidamente y transformarlos en decisiones.

Entonces, ¿cuál podría ser la clave del análisis de datos en los negocios? La respuesta es sencilla: ser capaces de realizar una **estrategia de *marketing*** adecuada y competitiva, anticipándose a la competencia y predecir el comportamiento de los clientes para saber qué y cómo quieren los servicios que ofreces.

En la actualidad, el *BI* se podría definir como el conjunto de medios utilizados para poder transformar los datos en información, con el objetivo de obtener conocimiento como finalidad para la mejora de procesos y la toma de decisiones eficaz en un negocio. Este conocimiento puede ser adquirido tras la consulta de datos históricos y su procesado mediante el cruzamiento de estos para así poder determinar el pasado y el presente de la organización.

SABÍAS QUE...

Cada minuto, los más de 4.900 millones de personas con acceso a internet realizan una impresionante cantidad de actividades en línea. Se envían más de 300 millones de correos electrónicos, se llevan a cabo más de 3,5 millones de búsquedas en *Google*, se suben 72 horas de video a *YouTube*, se comparten 240.000 mensajes en X (antiguo *Twitter*), se crean 70.000 nuevos artículos en *WordPress*, se publican más de 9.000 imágenes en *Instagram* y se generan millones de interacciones en *TikTok*. Este dinámico panorama digital refleja la creciente participación y diversidad de actividades en la era de la información, y pone en valor el volumen de datos que se generan.

Aquí puedes ver algunas estadísticas interesantes de todo el mundo y en tiempo real:

https://redirectoronline.com/ifct128po0102

Creación de las bases de datos: el *data warehouse*

 ## HILO CONDUCTOR

Los de TextilTek, S. L. se dieron cuenta de que cada vez era más difícil analizar la información con los medios que tenían, todo ello centralizado en su sede mediante servidores y sistemas de almacenamiento que tenían que ampliar continuamente, ya que la empresa crecía y era necesario almacenar mucha información de clientes y funcionamiento de los departamentos. Por ello, han decidido dar un paso más e invertir en *big data*. ¿Qué implicará dar este paso? Pronto lo descubrirán.

A lo largo de la historia, la creación de bases de datos ha sido un hito crucial en la gestión de la información. Inicialmente, en la década de 1960, las bases de datos surgieron como sistemas de almacenamiento de información estructurada, facilitando las operaciones diarias.

El impulso hacia una gestión más sofisticada se evidenció en la década de 1980 con el auge de herramientas como Excel y el explosivo crecimiento de datos. Este panorama generó la evolución hacia los *data warehouses*, consolidándose en la década de 1990 como centros estratégicos para el análisis avanzado. Desde entonces, estos almacenes de datos han transformado la forma en que las organizaciones aprovechan la información para la toma de decisiones, convirtiéndose en pilares esenciales para el análisis a gran escala y contribuyendo a la revolución de la inteligencia empresarial.

Un *data warehouse* (almacén de datos) es un sistema centralizado de almacenamiento que recopila, organiza y gestiona grandes volúmenes de datos procedentes de diversas fuentes dentro de una organización. Esta plataforma está diseñada para facilitar la toma de decisiones estratégicas al proporcionar un acceso rápido y eficiente a datos históricos y actuales.

El *data warehouse* integra información de múltiples sistemas y se caracteriza por su estructura optimizada para el análisis y la generación de informes. Su función principal es ofrecer un entorno propicio para realizar consultas complejas y análisis de tendencias, proporcionando una visión consolidada y coherente de los datos empresariales.

Proceso de datos en *business intelligence*

| Datos en bruto | Recopilación y ordenación | Guardado: *data warehouse* | Análisis de datos y difusión (información útil para la organización) |

2.3. Evolución del análisis de datos: el *data mining*

👉 **HILO CONDUCTOR**

Pero, ¿cómo podría TextilTek, S. L. anticiparse a sus rivales y diseñar una estrategia de *marketing* eficiente? La respuesta está en el *data mining.*

El término *data mining,* o minería de datos, tiene sus raíces en la confluencia de la informática y las estadísticas, y su evolución se remonta a las décadas de 1960 y 1970. Durante este periodo, con el avance de la tecnología y el crecimiento exponencial de la cantidad de datos almacenados en sistemas computacionales, surgió la necesidad de desarrollar métodos y técnicas para extraer conocimiento valioso de estos conjuntos de datos cada vez más grandes.

La minería de datos se consolidó como un campo de estudio y práctica en la década de 1980, cuando se empezó a explorar de manera sistemática la aplicación de algoritmos y modelos matemáticos para descubrir patrones, tendencias y relaciones significativas en conjuntos de datos complejos. Con el auge de la informática y la digitalización de la información en diversos sectores, el término *data mining* ganó popularidad para describir este proceso de exploración y análisis de grandes cantidades de datos con el objetivo de encontrar información valiosa y conocimiento oculto.

Desde entonces, la minería de datos se ha convertido en un componente esencial de disciplinas como el BI o inteligencia empresarial y la ciencia de datos, transformando la manera en que las organizaciones abordan y utilizan su información.

Aprendizaje automático o *machine learning,* estadísticas, bases de datos, visualización de datos, procesamiento de lenguaje natural, minería de texto o *clustering* son componentes esenciales en el proceso de minería de datos.

En la siguiente imagen podrás ver muy resumidamente los pasos a seguir en un proceso de *data mining:*

Selección de datos
- Se seleccionarán tanto las variables objetivo (las que se pretenden conocer o predecir) como las variables de muestreo (las que se utilizarán para el cálculo).

Análisis de propiedades de los datos
- Se analizarán los datos que forman **diagramas** e **histogramas** para detectar posibles datos atípicos o tendencias de los mismos.

Transformación de los datos
- En este paso se preparan los datos para el proceso de minería.

Técnica de minería de datos
- Con los datos ya preparados, se construirá un **modelo.**

Continúa en página siguiente >>

<< Viene de página anterior

Conocimiento

– Con los datos ya modelados, se obtendrán respuestas a cada una de las variables de estudio. Estas pueden arrojar respuestas distintas en función del tipo de técnica usada.

Evaluación de los datos

– Se estudiarán los resultados para comprobar que son o no satisfactorios y si son realmente útiles para la empresa; en caso de ser insatisfactorios, se realizarán nuevos procesados.

Una técnica del *data mining:* el *machine learning*

 HILO CONDUCTOR

TextilTek, S. L. está implantando con éxito tecnologías *big data*, concretamente el sistema de análisis con *data mining* le está dando buenos resultados, ya que en base a los datos que genera mediante las compras de los clientes y las áreas funcionales de la empresa, es capaz de anticiparse a las demandas de un mercado cada vez más saturado y exigente. Aunque la respuesta de los clientes está siendo mucho más positiva que con el antiguo sistema de alertas, el área de *marketing* ha desechado este y se basa en el análisis de redes sociales y el *feedback* para identificar los gustos de moda de los jóvenes.

El *machine learning* o **aprendizaje automático** no es más que otra consecuencia de la necesidad de una búsqueda y explotación de **patrones de datos** en bancos, con el objetivo de construir modelos que predigan las consecuencias que tendrán lo que en ese momento se está haciendo. Este método se comenzó a utilizar por los bancos en la década de los noventa para detectar posibles fraudes y estudio de créditos.

Pero el *machine learning* va más allá de esto, y es que es una rama de la **inteligencia artificial**. Se trata de crear algoritmos que sean capaces de **aprender y tomar decisiones** y, por tanto, de predecir acontecimientos. Esto se hace tomando información y construyendo ejemplos que generalizan comportamientos, por lo que la estadística representa una parte fundamental.

El *machine learning* (ML) se ha convertido en una tecnología fundamental con diversas aplicaciones actuales. Desde ofrecer recomendaciones personalizadas en plataformas de *streaming* y comercio electrónico, hasta mejorar la interacción con asistentes virtuales mediante el procesamiento de lenguaje natural. El ML está presente en sectores como la salud, la publicidad en línea, el reconocimiento facial y la automatización industrial. Su capacidad para analizar datos, identificar patrones y realizar predicciones ha transformado industrias, mejorando la eficiencia operativa y proporcionando soluciones innovadoras en una variedad de campos.

 PARA SABER MÁS

La inteligencia artificial cada vez más forma parte de nuestra vida. Puede ser una forma excelente de facilitárnosla, pero también implica riesgos como la sustitución de la mano humana por máquinas artificiales y una posible crisis de paro a nivel mundial. Para más curiosidades puedes visitar el siguiente artículo:

https://redirectoronline.com/ifct128po0103

2.4. *Data science* y el científico de datos

La aparición del concepto ***data science* o ciencia de datos** surge precisamente del desarrollo de las aplicaciones de *data mining* y engloba el conjunto de **principios científicos y aplicados** que definen **cómo se extrae el conocimiento de los datos.**

El concepto se introdujo en el nuevo milenio y su fin es englobar los principios en los que se basan los conceptos anteriores: matemáticas, estadística e informática para la extracción de información mediante patrones y relaciones de datos. Con el *data science* se pretende dar una explicación de la evolución sufrida por los procesos de obtención de conocimiento a partir de los datos y la entrada en la nueva era digital.

El científico de datos desempeña un papel crucial en la era digital, siendo un profesional altamente especializado en extraer conocimiento de grandes conjuntos de datos. Este experto multidisciplinar combina habilidades en estadística, programación, conocimientos de campo específico de negocio y un profundo entendimiento de las herramientas y tecnologías de análisis de datos. Su labor incluye la identificación de patrones, la formulación de preguntas clave y la creación de modelos predictivos que orientan la toma de decisiones estratégicas.

Además, el científico de datos juega un papel fundamental en el diseño y la implementación de algoritmos de *machine learning* para extraer información valiosa y proporcionar resultados que impulsen la innovación y la eficiencia en las organizaciones.

Recopilan y depuran los datos, extrayendo la información relevante de las bases de datos.	Aplican la ciencia, en concreto, las matemáticas y la estadística, para diseñar modelos que resuelvan problemas en el campo de trabajo.	Programan algoritmos para dar respuesta a las necesidades de su negocio, optimizando procesos, haciendo predicción, etc.

 ## ACTIVIDAD COMPLEMENTARIA

1. Hasta ahora has podido seguir el caso de TextilTek S. L. en relación a la implantación de un sistema *big data*. ¿Podrías aportar ideas de cómo esta empresa podría recabar información y datos de las personas para adaptarse más a sus exigencias y gustos, y así llegar a más público?

3. Definición de *big data*

☞ HILO CONDUCTOR

TextilTek, S. L. es consciente de esto y, debido a su inexperiencia, ha decidido contratar a un profesional para que se encargue de la gestión del *big data* de la empresa de una manera más personal que la consultora tecnológica. Además, se encargará de darle formación básica al personal para que de aquí en adelante puedan entender a lo que se enfrentan.

- -

No hay una única definición estándar de *big data,* ya que su significado puede variar según el contexto y la perspectiva de diferentes profesionales y organizaciones. Sin embargo, en términos generales, el concepto de *big data* se refiere al manejo y análisis de conjuntos de datos extremadamente grandes y complejos que superan las capacidades de las herramientas de procesamiento de datos tradicionales. Estos conjuntos de datos suelen caracterizarse por las denominadas 3 V:

- ➲ Gran Volumen
- ➲ Alta Velocidad en la generación y procesamiento
- ➲ Variedad en términos de tipos de datos.

Además, algunas definiciones también incluyen otras V como variabilidad y valor.

Antes de proceder al estudio del *big data,* también llamados *macrodatos,* conviene que aprendas el significado de términos relevantes que envuelven el *big data* y que todo profesional de la materia debería saber y controlar.

Si bien es cierto que han aparecido importantes conceptos ya en puntos anteriores, conviene extender aún más el glosario, ya que la magnitud que abarca el *big data* es ciertamente enorme.

Nube de términos utilizados en big data

3.1. Conceptos clave

Como habrás notado, un término que aparece en infinidad de veces es el de datos, ya que es la esencia del *big data*. Conviene que aprendas algunos términos que definen los tipos de conjuntos de datos creados y otros relacionados con estos, ya que aparecerán en más ocasiones:

- **Algoritmo:** conjunto o secuencia de operaciones sistemáticas, lógicas y finitas que permiten realizar un cálculo y encontrar la solución a un problema como, por ejemplo, analizar datos.
- *Analytics:* forma en la que una información se puede capturar, procesar y analizar para convertirla en aprendizaje. Este proceso se ejecuta después del *data mining.*
- *Data governance:* conjunto de políticas y prácticas para gestionar, proteger y garantizar la calidad de los datos en una organización.
- *Data integration:* integración de datos de diversas fuentes para proporcionar una visión unificada y coherente.
- *Data scalability:* capacidad de un sistema para manejar eficientemente un crecimiento sustancial de datos sin perder rendimiento.
- *Data security:* medidas y prácticas para proteger la integridad, confidencialidad y disponibilidad de los datos frente a amenazas y accesos no autorizados.
- *Data visualization:* representación gráfica de datos para facilitar la comprensión, el análisis y la toma de decisiones.
- **Datos estructurados y no estructurados:** los datos estructurados cuentan con una estructura lógica ordenados en columnas y tablas, y es necesario que el sistema conozca el formato de los datos para su guardado, pero son una fuente menor de extracción de información para el *big data.* Los datos no estructurados o desorganizados, como los *e-mails,* son una fuente mayor de aprendizaje con fines comerciales

para el *big data*. Además, el sistema los guardará sin una estructura definida, solo como una de datos codificada.

- ⮎ **Deep learning:** conjunto de algoritmos destinados al aprendizaje automático.
- ⮎ **Dirty data:** conjunto de registros de datos capturados en bruto y sin limpiar.
- ⮎ **Fast data:** datos que deben analizarse en tiempo real, ya que su período de información útil es corto.
- ⮎ **Predictive analytics:** aplicación de técnicas estadísticas y algoritmos para predecir eventos futuros o tendencias basadas en datos históricos.
- ⮎ **Slow data:** datos con información de larga duración.
- ⮎ **Streaming data:** flujo continuo de datos que se genera en tiempo real y puede ser procesado y analizado instantáneamente.

4. Bases de establecimiento del *big data*

No es hasta **finales de los noventa** cuando nace el *World Wide Web* o las WWW cuando las empresas se encuentran con un verdadero problema, el de la imposibilidad de explotar estos bastos bancos de datos para potenciar su negocio. El problema realmente no era muy distinto al que habían tenido anteriormente empresas financieras o aseguradoras, pero en este caso el volumen de datos era de dimensión muy distinta y el *data mining* y los mecanismos de la época eran insuficientes.

Es aquí cuando se empieza a hablar de volumen, velocidad y variedad para referirse a los datos, términos que posteriormente definirían las características del *big data* como las 3V.

Primera red de internet

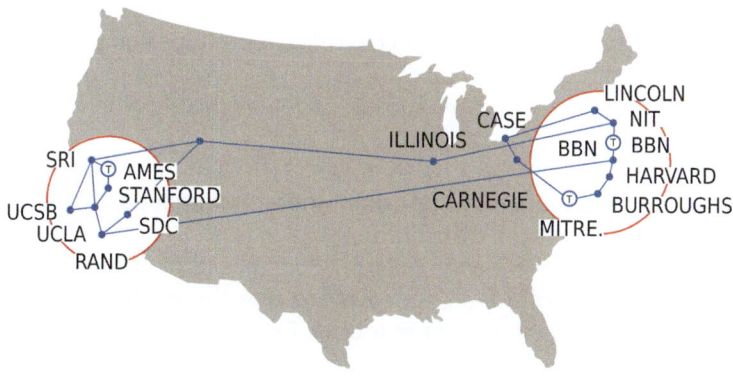

SABÍAS QUE...

Sillicon Valley recibe su nombre del silicio, material que se extraía en esta área y que fue el germen del establecimiento de empresas que experimentaban con este material hasta la invención del transistor. Hoy en día es lugar de residencia de las mayores empresas tecnológicas del mundo.

ACTIVIDAD COMPLEMENTARIA

2. Ya has conocido el término *big data* y habrás comprobado que es relativamente abstracto. Además, has visto que lo definen tres características: volumen, velocidad y variedad.

   ¿Qué entiendes tú por *big data?* ¿Qué significan estas tres características que empiezan por V? ¿Habrá más de estas tres V? Enuméralas.

4.1. Rápido repaso al modelo *MapReduce*

Un ejemplo claro del nuevo escenario que abrió el *World Wide Web* lo tenemos en **Google** que logró implantar con éxito su novedoso algoritmo **Page-Rank,** el cual era capaz de **analizar datos de multitud de sitios web.**

Ya existían en la época algoritmos capaces de procesar grandes volúmenes de datos de forma paralela, usando para ello grandes máquinas de análisis con **varios núcleos** en conjuntos o **clusters** (*High Performance Computing* o *HPC*). Pero en el caso de *Google,* con *PageRank* optó por una estrategia distinta: implantar un conjunto de máquinas de menor tamaño y menor capacidad de procesamiento.

Esta solución se basa en **dos elementos.** Por un lado, la existencia de un **sistema de ficheros distribuidos** para la gestión del almacenamiento de los datos de manera segmentada y, además, replicada entre las distintas máquinas. Por otro lado, un **software que tiene implementadas las diferentes tareas para cada máquina.** Este *software* permitía una más fácil implementación de nuevos programas que trabajaran con los datos. A este modelo se le llamó *MapReduce.*

MapReduce es especialmente eficaz para procesar grandes volúmenes de datos de manera paralela en clústeres de computadoras, permitiendo un procesamiento escalable y eficiente. Este modelo ha sido fundamental en el ámbito del procesamiento de *big data.*

Ejemplo de esquema de proceso de MapReduce

4.2. Desarrollo de las tecnologías del *big data*

Gracias a la creación de *MapReduce* se han implementado más soluciones basadas en este para crear **motores de búsqueda** a nivel global como **Yahoo,** y de esta forma se llegó a implementar un sistema semejante, pero en **software** **libre** con código abierto, denominado **Apache Hadoop.** Tras la creación de este, y gracias a ser de acceso libre, se crearon multitud de herramientas adiciones que potenciaron la funcionalidad del *big data.*

DEFINICIÓN

Apache Hadoop

Es un entorno de trabajo de licencia libre inspirado en el *MapReduce de Google*, que permite a diferentes aplicaciones trabajar con grandes volúmenes de datos.

En los siguientes años se fueron desarrollando estas tecnologías paralelamente por parte de *Google* con *NoSQL,* un sistema de almacenamiento de datos, también de forma libre.

DEFINICIÓN

NoSQL

Es un tipo de sistema de gestión de base de datos, que no solo usa el **SQL** como lenguaje de consultas para bases de datos, sino también otros existentes, de ahí el nombre **NoSQL** o **No solo SQL.**

Después surgió la *Web 2.0,* donde usuarios de todo el mundo interactuaban en redes sociales y creaban contenido en forma de **streams** o **flujos,** en los cuales era necesario procesar y distribuir los datos en tiempo real. Así fue como se fue expandiendo cada vez en mayor medida el *big data.*

Y finalmente llegamos a la actualidad, donde gracias al *software* libre y al **abaratamiento de las tecnologías** de computación, ha sido posible que usuarios normales tangan acceso al **cloud computing** o **computación en la nube,** en la cual se alquilan máquinas de forma remota para hacer uso de ellas y llegar a la era del **internet de las cosas,** donde se crean todo tipo de dispositivos capaces de crear y compartir contenido ni necesidad de enlaces físicos, llevando así a una nueva dimensión: el *big data.*

TAREA 1

Imagina que eres el dueño de una empresa de venta de moda textil creada en 1970. Gracias a tu excelente dirección y a la de tus socios, has mantenido tu empresa a la vanguardia en tecnología, consiguiendo con ello expandirte y optimizar todas las áreas de negocios.

Realiza un documento donde cuentes de forma cronológica la trayectoria que ha seguido tu empresa en la implementación de sistemas de análisis de datos hasta el día de hoy para conocer la razón del éxito de tu negocio.

- -

5. Resumen

La información aplicada a los negocios hace obtener una ventaja competitiva en las organizaciones, nace el *Business Intelligence* y con él un mundo de posibilidades, donde las organizaciones evolucionan rápidamente hacia una era marcada por los datos y su importancia.

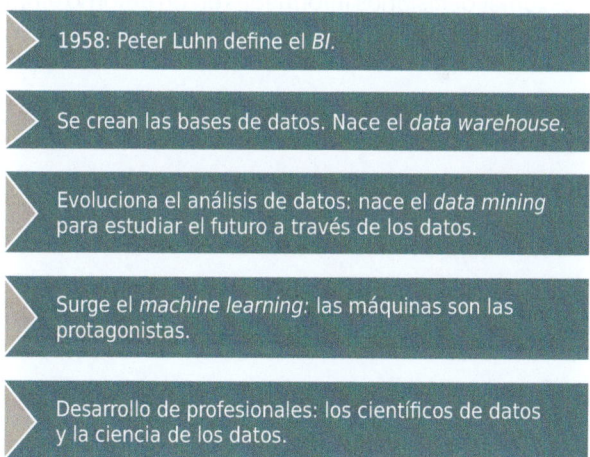

1958: Peter Luhn define el *BI*.

Se crean las bases de datos. Nace el *data warehouse*.

Evoluciona el análisis de datos: nace el *data mining* para estudiar el futuro a través de los datos.

Surge el *machine learning*: las máquinas son las protagonistas.

Desarrollo de profesionales: los científicos de datos y la ciencia de los datos.

El *big data* y las diferentes formas de entenderlo. Has aprendido la terminología más utilizada relacionada con este concepto y has establecido las bases para el entendimiento del *big data*.

El *big data* nace como necesidad para las grandes empresas tecnológicas de los años noventa.

Google y su novedoso *MapReduce:* divide y vencerás.

Nace el *software* libre con *Apache Hadoop,* alternativa gratuita a *MapReduce.*

Invención de la *Web 2.0:* todos creamos datos masivamente.
Nace el *big data.*

En conclusión, en este capítulo se abordaron los antecedentes y los fundamentos esenciales del *big data,* un concepto en constante evolución que ha demostrado ser instrumental en la actualidad. Desde sus inicios, ha superado las expectativas al ofrecer una capacidad única para gestionar grandes volúmenes de datos en tiempo real, adaptándose a la diversidad de tipos de información. Las tres "V" del *big data:* Volumen, Velocidad y Variedad, resaltan su papel crucial en la empresa moderna y en las estrategias del *business intelligence* o inteligencia empresarial. Su capacidad para proporcionar conocimientos valiosos a partir de grandes cantidades de datos se ha convertido en un componente esencial para las organizaciones, permitiéndoles tomar decisiones informadas en un entorno empresarial dinámico y desafiante.

Ejercicios de autoevaluación
Unidad de Aprendizaje 1

1. ¿Quién definió por primera vez el término *business intelligence*?

a. Richard Millar Devens, en 1958.
b. Hans Peter Luhn, en 1958.
c. Richard Millar Devens, en 1865.
d. Hans Peter Luhn, en 1865.

2. La implantación del *business intelligence* en una empresa dota a esta de conocimiento útil para una mejor toma de decisiones. Pero, ¿qué tipo de análisis hace de los datos?

a. Descriptivo.
b. Predictivo.
c. Predictivo y descriptivo.
d. El análisis debe realizarlo el científico de datos.

3. Determina si las siguientes oraciones son verdaderas o falsas:

a. El *data mining* aporta a la organización un análisis descriptivo de los datos para saber el pasado y el presente de esta.

■ Verdadero
■ Falso

b. El *data mining* es una evolución del *business intelligence* tradicional.

■ Verdadero
■ Falso

c. El *data mining* aporta a la organización información a través del estudio de patrones y modelos para predecir resultados.

■ Verdadero
■ Falso

d. El *data mining* se basa en la inteligencia artificial.

- ■ Verdadero
- ■ Falso

4. El científico de datos:

a. Es la figura del analizador en el *data mining*.
b. Se especializa en ordenar y almacenar los datos más relevantes.
c. Son científicos matemáticos que se especializan en el tratamiento de datos.
d. Se especializa en el tratamiento de datos.

5. ¿Cuáles son las 3 V del *big data* más importantes?

a. Volumen, variación y variedad.
b. Volumen, velocidad y variedad.
c. Volumen, valor y veracidad.
d. Volumen, valor y variedad.

6. El modelo *MapReduce*:

a. Se basa en dos elementos: un sistema de ficheros distribuidos y un *software* que tiene implementadas las tareas de cada máquina.
b. Se basa en dos elementos: un sistema de ficheros centralizado y un *software* que tiene implementadas las tareas de cada máquina.
c. Es un sistema de ficheros distribuidos en varias máquinas.
d. Es un *software* que tiene implementadas las tareas de cada máquina para analizar datos.

7. *Apache Hadoop*:

a. Pertenece a *Google*.
b. Es de pago.
c. Es un *software* libre.
d. Es un *software* libre implementado por *Google*.

8. ¿Qué es el *machine learning*?

    a. Análisis automático de las máquinas.
    b. Aprendizaje automático de las máquinas.
    c. Inteligencia artificial.
    d. Una evolución del *data mining.*

9. ¿Qué es la Web 2.0?

    a. La evolución de las primeras redes de datos.
    b. Una red centralizada donde se crea y comparte información personal.
    c. Una red global donde todos compartimos información mediante la creación de contenido.
    d. Es la red de internet dotada de mayor seguridad.

10. Determina si las siguientes oraciones son verdaderas o falsas:

    a. El *big data* hace referencia a una cantidad masiva de datos que supera la capacidad de análisis del *software.*

        ■ Verdadero
        ■ Falso

    b. El *big data* hace referencia a una cantidad masiva de datos que puede ser analizada en tiempo real mediante inteligencia artificial.

        ■ Verdadero
        ■ Falso

    c. Al *big data* también se le conoce como macrodatos.

        ■ Verdadero
        ■ Falso

    d. El *big data* también se le llama internet de las cosas.

        ■ Verdadero
        ■ Falso

La importancia del dato

Contenido

1. Introducción
2. El valor del dato
3. Problemas que aparecen en la recogida de datos
4. El presente y futuro de los datos: normativa y aplicaciones
5. Resumen

Objetivos

El objetivo general de esta Unidad de Aprendizaje es:

→ Entender la importancia que tiene el dato en todas las áreas de la sociedad, haciendo especial énfasis en su importancia estratégica para las organizaciones y la preservación de la privacidad mediante una correcta gestión.

Los objetivos específicos de esta Unidad de Aprendizaje son:

→ Describir las aplicaciones que tienen los datos en la estrategia de la organización y los beneficios que aportan estos a su progreso.

→ Identificar las distintas funciones y niveles que tiene el *data management* en una organización.

→ Analizar algunos de los problemas más comunes que aparecen a la hora de trabajar con los datos en las organizaciones.

→ Saber qué normativa de protección de datos es aplicable en nuestro territorio.

1. Introducción

Los datos siempre han sido importantes. Antes de la entrada del *big data,* las organizaciones recopilaban los datos de todas las áreas funcionales y los guardaban en los *data warehouses,* para después poder analizarlos periódicamente y de esta forma **adquirir ideas para aumentar el rendimiento y mejorar los negocios.**

Realmente, era la idea correcta: tener almacenes de datos propios a los que sacarle información, pero fue con la creación de internet cuando esto dejó de tener en parte sentido. Debido a la **interconexión global,** la información que se empezó a producir era de tal tamaño que los *data warehouses* no tenían cabida para guardar datos externos a las organizaciones y fue así como surgió el *big data.*

A esto debemos sumarle la proliferación de los **dispositivos inteligentes,** como teléfonos *smartphones,* tabletas táctiles o *tablets* y relojes o *smartwatch,* que pueden crear información desde prácticamente cualquier lugar del mundo y no solo esto, sino que funcionan como sensores capaces de **generar información y procesarla.** Es aquí donde se plasma la verdadera importancia del dato y el **verdadero sentido del *big data:* generar valor a partir de los datos.**

Para ello, nos centraremos en el caso de TextilTek, S. L., empresa que descubrirá que no solo se trata de adquirir tecnología para el procesamiento de los datos, sino que debe existir un compromiso de concienciación por parte de todos los empleados y que llevará varios años adaptarse plenamente a estos cambios.

2. El valor del dato

☞ HILO CONDUCTOR

Siguiendo con el caso de TextilTek, S. L., estos han decidido contratar personal especializado para que, entre otras cosas, se encarguen de la formación del personal de la empresa en todo lo referente a los datos y la forma de tratar con estos. En esta unidad aprenderás, junto a ellos, la importancia que tienen los datos.

Los datos son la razón de existir del *big data,* por lo que estos ayudan a que podamos poner en perspectiva el alcance del mismo.

Organizaciones, entes públicos, medios de comunicación e individuos deben entender que los datos son necesarios para una buena toma de decisiones que afecten de forma global a una sociedad. Un **ejemplo** claro serían las *smart cities* **o ciudades inteligentes,** que pueden tomar datos de tráfico, tiempo, polución y ayudar a los ciudadanos a moverse de forma más segura por sus calles, gracias a una eficaz toma de decisiones basadas en la adquisición de datos.

Las organizaciones deben invertir en infraestructuras que trabajen con datos y permitan el continuo acceso a los mismos prácticamente en tiempo real. Además, permiten **crear patrones de comportamiento** de los clientes y así anticiparse a las necesidades de los mismos.

Gracias al *data science,* los datos son la base para crear nuevas líneas de investigación que, si no fuera por la posibilidad de comparar grandes cantidades de información mediante *software,* no seríamos capaces de descubrir gran parte de avances tecnológicos de hoy en día, haciendo especial hincapié en los avances médicos que se han producido gracias a los datos.

2.1. El negocio de los datos: su valor estratégico

Todo lo que hacemos deja una **huella digital** que es analizable, aunque no siempre es información relevante. Esto crea un mundo transparente para las empresas y los clientes, desarrollando las relaciones entre estos hasta el punto de que pueden saber qué haces, qué compras, cómo y cuándo, creando un modelo de negocio basado en nuestro estilo de vida y en los datos que generas.

Existen empresas que directamente **basan su existencia en recopilar y procesar datos** que generamos mediante nuestro acceso a internet, para después venderlos a otras que pagan por ellos, por lo que no solo se adquiere ventaja competitiva a partir de los datos, sino que **los datos son un negocio en sí,** y muy rentable. Por esto mismo, se habla de que el *big data* está transformando por completo el modelo de negocio que ha existido hasta ahora, introduciendo nuevas posibilidades y filosofías.

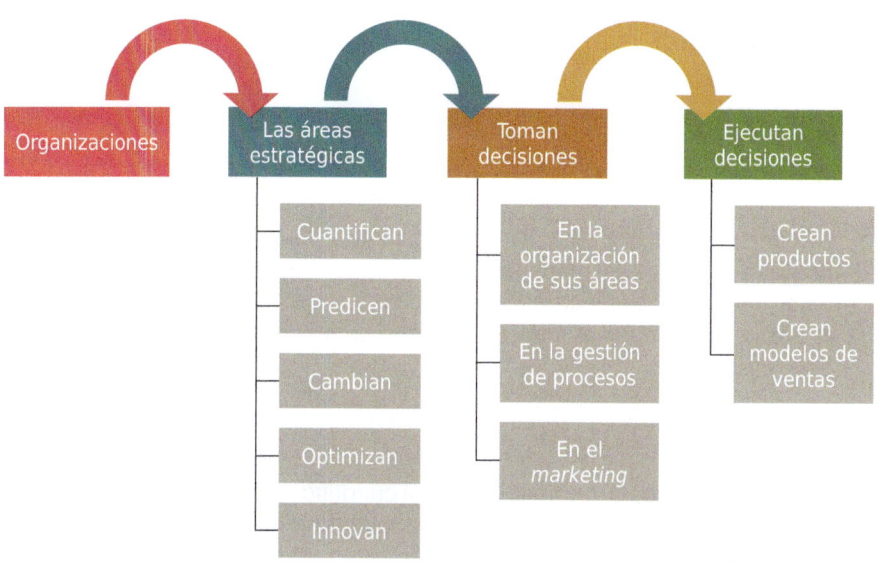

👁 EJEMPLO

En el sector del comercio electrónico, el *big data* se ha convertido en un recurso estratégico esencial para empresas como Amazon. Mediante la recopilación y análisis de datos detallados sobre el comportamiento de los usuarios, estas plataformas logran personalizar la experiencia de compra, anticipar la demanda y ajustar dinámicamente los precios en tiempo real. Además, aplican algoritmos avanzados para prevenir fraudes, analizan la retroalimentación de los clientes para realizar mejoras continuas y optimizan la gestión de inventario. El resultado es una operación más eficiente, una experiencia del cliente mejorada y una posición competitiva sólida en el mercado del comercio electrónico.

En este contexto, el *big data* no solo impulsa la toma de decisiones basadas en datos, sino que también habilita estrategias innovadoras como la personalización extensiva, la gestión proactiva del inventario y la adaptación dinámica de precios, consolidándose como un activo estratégico esencial para la eficacia y la innovación en el comercio electrónico.

Cuantificar los datos

☞ HILO CONDUCTOR

La primera tarea que se le ha encomendado a TextilTek, S. L. es la de sacar partido a sus datos. Siempre han contado con un *data warehouse* para guardar datos internos que la legislación obliga, pero nunca habían considerado estos relevantes para obtener ventaja competitiva, más allá de su mero uso como datos históricos.

En la era del *big data,* la capacidad para cuantificar datos se ha vuelto fundamental, transformando la manera en que comprendemos y aprovechamos la información que nos rodea. Todo lo que nos rodea contiene sensores, como, por ejemplo, los dispositivos IoT (Internet de las Cosas), que recopilan datos de diversas fuentes. Estos datos se clasifican en dos categorías principales: cualitativos y cuantitativos.

En el ámbito cualitativo, nos encontramos con datos que describen características o cualidades, como la información textual, los comentarios en redes sociales y las revisiones de productos. En el caso de las imágenes, estas se convierten en datos cualitativos, representando visualmente elementos y patrones. El sonido, por otro lado, se puede analizar cualitativamente para extraer características como tono y ritmo.

Por otro lado, los datos cuantitativos representan medidas y cantidades numéricas. Esto incluye datos estructurados como números, fechas y cantidades, presentes en transacciones financieras, registros de inventario y datos demográficos. Además, el *big data* permite cuantificar de manera masiva y precisa otros tipos de información, como datos geoespaciales provenientes de dispositivos de localización. En el ámbito multimedia, los vídeos, al descomponerse en fotogramas, permiten la cuantificación de patrones visuales y de movimiento.

De esta manera, la capacidad para cuantificar datos abarca un espectro diverso y en constante expansión, redefiniendo la forma en que interactuamos con la información que nos rodea.

Es crucial destacar que algunos de estos datos se almacenan, según marca la legislación, por un período específico, pero no siempre se analizan de manera efectiva. Esta situación representa una desventaja para las organizaciones, ya que la acumulación de grandes volúmenes de información sin un análisis adecuado puede llevar a oportunidades perdidas y a una falta de comprensión profunda de los patrones y tendencias presentes en esos datos.

Datos cuantitativos	
- Son los datos que se pueden medir y contar, información que se puede obtener mediante métodos de investigación.	- Precio, fecha, datos financieros, geoespaciales o demográficos...

Datos cualitativos	
- Son los datos que no representan valores, sino que están expresados en forma de palabras y ayudan a definir acciones o sentimientos.	- Género, texto, sonido...

Predecir a través de los datos

 HILO CONDUCTOR

Mediante las ideas aportadas por la dirección y el personal especializado, Textil-Tek, S. L. ha decidido utilizar, por un lado, métodos cuantitativos para obtener mejoras en su rendimiento financiero y sus áreas y, por otro, métodos cualitativos para comprender mejor a sus clientes y mejorar los servicios.

Tras haber visto cómo se pueden obtener y cuantificar los datos que se generan, llega la hora de saber para qué se hace, es decir, **cuál será el objetivo final de estos datos** en cuanto a negocios se refiere.

Entre las diferentes posibilidades que existen, una que destaca sobre las demás es que estos datos se pueden usar para predecir acontecimientos y acciones y, además, actuar sobre ellas cambiando su destino. **Por eso, el *Big Data* es una muy buena vía para persuadir.**

Los datos cuantificados proporcionan información valiosa para predecir comportamientos de clientes, los **stakeholders,** la organización en sí misma o su mercado de acción. Se podrían predecir, incluso, aspectos del propio ser humano, tales como su conducta.

 **DEFINICIÓN**

Stakeholder

Un *stakeholder,* o parte interesada, es cualquier individuo, grupo o entidad que tiene un interés o participación en una organización, proyecto o iniciativa y que puede afectar o ser afectado por las acciones, decisiones o resultados relacionados con ese entorno. La gestión efectiva de las relaciones con los *stakeholders* es esencial para el éxito sostenible de una organización.

Según su filosofía, hay diferentes métodos de predicción:

Método cualitativo
- Utiliza datos no numéricos para predecir acciones futuras que no se basen en valores. Por ejemplo, recopilar opiniones de clientes para tomar acciones sobre un producto en el mercado.

Método cuantitativo
- Se basa en utilizar números y valores (número de ventas, número de compras, etc.) durante cierto período de tiempo para realizar un pronóstico.

Método de series de tiempo
- Utiliza solo datos históricos para hacer predicciones de futuro.

APLICACIÓN PRÁCTICA

Deseas sacar unas nuevas galletas de chocolate para su venta en supermercados y necesitas elaborar unas estadísticas de la aceptación que estas podrían tener respecto a los potenciales clientes y cuáles son sus gustos en cuanto a galletas.

¿Qué tipo de método deberías usar para recopilar los datos que deseas?

Solución

En este caso, serían necesarios los dos métodos:

- El método cuantitativo es necesario para contabilizar el número de interesados en el nuevo producto, por lo que se trata de obtener valores numéricos.
- El método cualitativo es necesario, porque también deseo saber cuáles son los gustos de los entrevistados y para ello es necesario realizar preguntas abiertas.

Data-Driven: transformar decisiones

En la era actual, la revolución digital ha dado paso a una nueva forma de abordar las decisiones empresariales: el enfoque *data driven.* Las organizaciones más exitosas no solo recopilan datos, sino que también los utilizan estratégicamente para comprender a fondo su mercado y su audiencia. Empresas como Amazon han demostrado el poder de la personalización basada en datos, ajustando dinámicamente los colores de los botones en sus sitios web para maximizar la interacción del usuario y, por ende, las conversiones.

La capacidad de interpretar datos también ha revolucionado el ámbito del *marketing.* Compañías como Spotify utilizan algoritmos para analizar los comportamientos de escucha y ofrecer recomendaciones personalizadas, mientras que la elección de voces e imágenes en anuncios ha evolucionado para adaptarse a las preferencias de la audiencia, como lo ha demostrado Coca-Cola en sus campañas globalmente inclusivas.

Este enfoque no solo impacta en la eficiencia operativa y la experiencia del cliente, sino que redefine la toma de decisiones en todas las áreas empresariales. La era *data driven* está marcando el camino hacia decisiones más precisas y estratégicas, donde los datos se convierten en el conductor fundamental de la innovación y el éxito empresarial.

_____

Optimizar

 HILO CONDUCTOR

Una vez definidos los métodos a utilizar para obtener resultados mediante los datos, TextilTek, S. L., debe definir indicadores clave con los que saber rápida y fácilmente si los resultados que se van obteniendo son de su agrado. Para ello, necesitará diseñar un *cuadro de mando* con el que comprobar si estos indicadores reflejan buenos resultados.

- -

Otra de las aplicaciones fundamentales de los datos es la de proporcionar la **capacidad para optimizar los procesos** internos de las organizaciones. Los datos generados por ellas mismas, junto con los captados en el exterior, proporcionan una **visión interna y otra externa de cómo está situada** respecto a su competencia. Es así como se pueden detectar posibles errores y predecir el rendimiento que tendrá en el futuro y actuar en base a ellos.

El ritmo de evolución y la necesidad de adaptarse por parte de las empresas al mundo actual es frenético, y una forma de medir sus progresos es diseñar *Indicadores Clave de Rendimiento,* más conocidos como *KPI,* que, integrándose en los **cuadros de mando** y el *big data,* constituyen una parte fundamental para la plena adaptación y optimización.

 **NOTA**

Las siglas KPI son el acrónimo en inglés de *Key Performance Indicators.* Los KPI son métricas específicas utilizadas para evaluar el rendimiento de una organización, un proyecto o un proceso. Estos indicadores proporcionan una medida cuantitativa del progreso hacia los objetivos establecidos y son fundamentales para la toma de decisiones estratégicas. Los KPI pueden variar según la industria y los objetivos específicos de la organización, pero comúnmente se utilizan

Continúa en página siguiente >>

<< Viene de página anterior

para medir aspectos como la eficiencia operativa, la satisfacción del cliente, el rendimiento financiero y otros aspectos clave del negocio.

Los KPI se visualizan comúnmente mediante gráficas, tablas y otros formatos visuales para proporcionar una representación clara y comprensible del rendimiento. La forma en que se presentan puede depender del tipo de métrica y de la preferencia de la organización.

Ejemplo de cuadro de mando con KPI

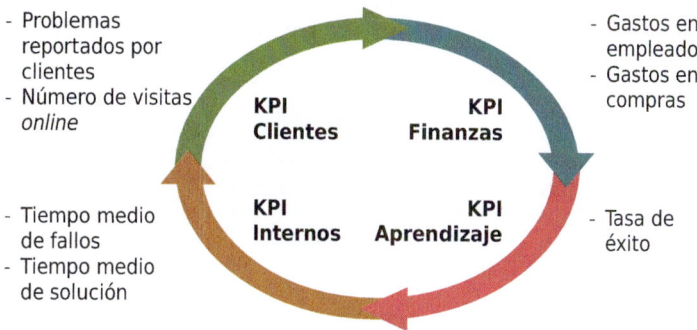

- Problemas reportados por clientes
- Número de visitas *online*

KPI Clientes

KPI Finanzas

- Gastos en empleados
- Gastos en compras

- Tiempo medio de fallos
- Tiempo medio de solución

KPI Internos

KPI Aprendizaje

- Tasa de éxito

 **NOTA**

Para implementar y ejecutar la estrategia interna por una empresa, es necesario un correcto estudio de la información mediante el *big data,* pero también cobra una importancia esencial el factor humano. Hay que comprender a los usuarios y los trabajadores, ya que ellos son una parte fundamental del rendimiento de una empresa.

 ACTIVIDAD COMPLEMENTARIA

3. El cuadro de mando es una utilidad fundamental para las organizaciones y una de las áreas de estudio y medición es la de los clientes mediante KPI

Continúa en página siguiente >>

<< Viene de página anterior

relacionados con estos. Busca o inventa tres KPI de fidelización de clientes y explica qué van a medir en el cuadro de mando de la empresa.

Innovar

Por último, se debe hablar de **innovación,** se deben usar los datos para optimizar internamente las empresas y promover su innovación. Estos dos términos van cogidos de la mano, ya que para optimizar, generalmente hay que innovar. Está bien llevar a cabo el porqué, pero también es necesario el cómo.

El **porqué** de cambiar algo implica un cambio de mentalidad en las empresas. Gracias al *big data,* se puede tener una idea de por qué es necesario cambiar algo.

Innovar es el proceso de introducir cambios significativos o novedosos en productos, servicios, procesos, ideas o modelos de negocio, con el objetivo de mejorar, crear valor y destacar en un mercado o industria. La innovación implica la aplicación de nuevas ideas, métodos, tecnologías o enfoques para resolver problemas, satisfacer necesidades o aprovechar oportunidades.

Innovar no se limita solo a la creación de algo completamente nuevo, sino que también puede involucrar mejoras incrementales o la combinación creativa de elementos existentes para lograr resultados innovadores. La innovación puede tener lugar en diversos ámbitos, como la tecnología, los productos, los procesos, el *marketing* y la gestión.

 **EJEMPLO**

Un ejemplo ilustrativo es el de una empresa de aerolíneas que no sabía cómo optimizar los tiempos de vuelo de sus naves, así que compartió el problema con la comunidad científica *online* y gracias a ello obtuvieron la solución.

2.2. Gestión de los datos o *data management*

☞ **HILO CONDUCTOR**

Debido a los cambios que está implementando TextilTek, S. L. en todas sus áreas, es necesario adaptar la dirección a todo ello. Se debe realizar una integración en toda la organización que unifique los objetivos, ya que saben perfectamente que de nada sirve implementar cambios tangibles si no existe una concienciación por parte de todos los trabajadores. Todo esto se conseguirá con un *data management* adecuado.

Hasta hace unos años, las empresas eran capaces de realizar una gestión de los datos de forma relativamente sencilla, pero **los datos** tienen cada vez más influencia en los negocios de estas y **son un activo** propiamente dicho, formando un pilar fundamental que se debe manejar debidamente.

Los siguientes conceptos son fundamentales en la gestión y utilización efectiva de los datos en una organización. En las siguientes páginas desarrollaremos en qué consiste cada uno de ellos:

1. Gobierno de datos (*data governance*)
2. Arquitectura de datos (*data architecture*)
3. Modelado y diseño de datos (*data modeling and design*)
4. Almacenamiento de datos (*data storage*)
5. Seguridad de datos (*data security*)
6. Integración de datos (*data integration*)
7. Documentos y contenidos (*documents and contents*)
8. Almacén de datos e inteligencia empresarial (*data warehousing and business intelligence*)
9. Calidad de datos (*data quality*)

Data governance

Es el nivel que encuadra a todos los demás. Su función es encargarse de supervisar los demás niveles de gestión de datos, como si de un gobierno se tratara.

Sus **funciones** serán las siguientes:

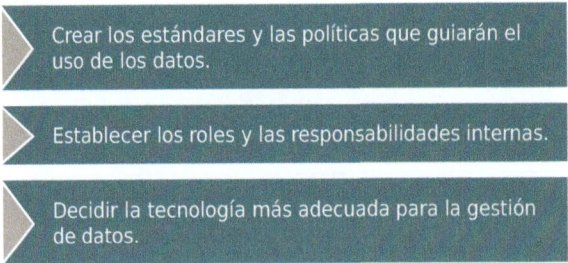

Crear los estándares y las políticas que guiarán el uso de los datos.

Establecer los roles y las responsabilidades internas.

Decidir la tecnología más adecuada para la gestión de datos.

La idea es que los datos no vayan ligados solamente al **Departamento de Tecnologías de la Información o IT,** ya que influyen en todas las áreas de la organización. Por lo que el *data governance* será el encargado de crear un marco general, cumpliendo los siguientes puntos:

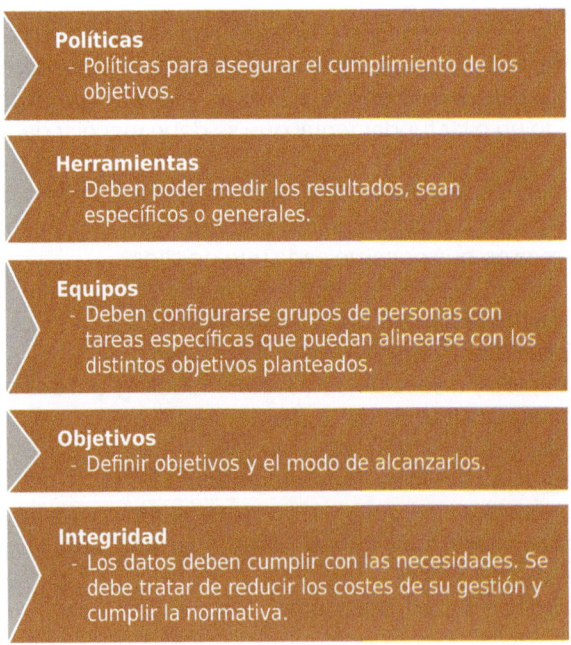

Políticas
- Políticas para asegurar el cumplimiento de los objetivos.

Herramientas
- Deben poder medir los resultados, sean específicos o generales.

Equipos
- Deben configurarse grupos de personas con tareas específicas que puedan alinearse con los distintos objetivos planteados.

Objetivos
- Definir objetivos y el modo de alcanzarlos.

Integridad
- Los datos deben cumplir con las necesidades. Se debe tratar de reducir los costes de su gestión y cumplir la normativa.

Data Architecture

En esta función se definirá **la estructura que los datos tendrán en la organización,** tanto de forma física como de forma lógica. A esto se le denomina el ***framework de Zachman*** o marco de referencia de los datos, que hace la función de un mapa que representa **dónde y cómo se localizan los datos en la organización, su ciclo de vida y el recorrido que hacen.**

Para que los datos queden correctamente definidos, la estructura diseñada debe cumplir los siguientes parámetros:

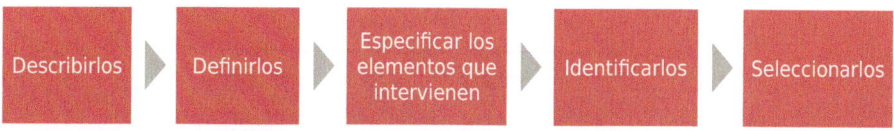

Describirlos ▶ Definirlos ▶ Especificar los elementos que intervienen ▶ Identificarlos ▶ Seleccionarlos

Los **objetivos** del *data architecture* son:

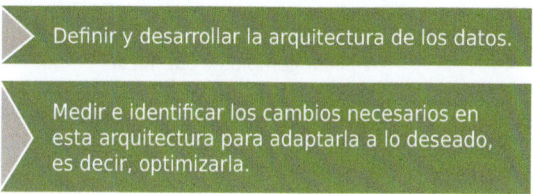

Definir y desarrollar la arquitectura de los datos.

Medir e identificar los cambios necesarios en esta arquitectura para adaptarla a lo deseado, es decir, optimizarla.

El *data modeling and design*

En un nivel inferior al *data architecture* se encuentra el *data modeling* o modelado de los datos, que **trabaja directamente con las bases de datos,** por lo que es mucho más concreta y específica en el tratamiento de los datos.

Existen **dos procesos** que se llevan a cabo mediante el ***data modeling:***

Modelado	Diseño
- Tarea que se dedica a estructurar los datos y a organizarlos. - El modelo se representa por medio de texto y símbolos que reflejan la disposición de los datos y sus relaciones.	- Transforma el modelo lógico en un modelo físico y funcional.

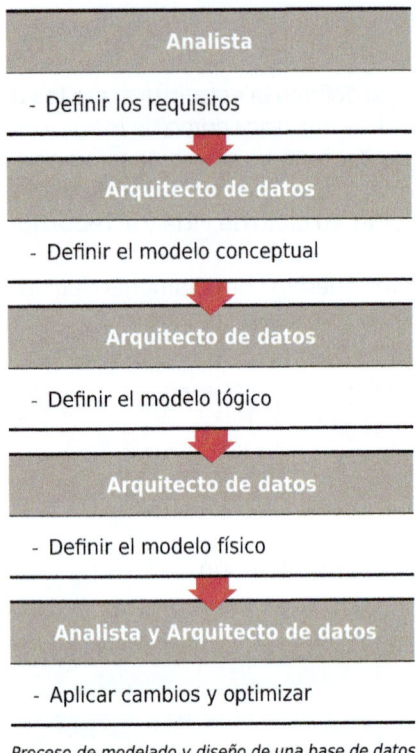

Proceso de modelado y diseño de una base de datos

Data storage

La función de este nivel es la implementación de una serie de políticas o especificaciones que definan cómo se guardarán los datos, cuándo y qué datos se almacenarán.

Es algo esencial para una organización, ya que si se trabaja con grandes volúmenes de datos, es necesario implementar **ciertas directrices** de cómo se almacenarán.

Con esto, se pretenden obtener diferentes **beneficios:**

<< Viene de página anterior

Ahorro
- Cualquier plataforma de almacenaje de datos es limitada, por lo que el almacenamiento debe tener una estructura.
- Además, deben establecerse unos principios que permitan el desechado de datos y la asignación de espacio para los nuevos.

Productividad
- Los datos almacenados aleatoriamente provocan la ralentización de los sistemas de procesamiento, ya que se hace más difícil el acceso a los mismos. Por ello, los datos se dividirán en:
  - Datos activos: lo de acceso inmediato y más recientes.
  - Datos inactivos: almacenados de forma comprimida y separados de los primeros.

Data security

Se trata de diseñar **los mecanismos necesarios para preservar la seguridad de los datos en el entorno de la organización,** gracias a políticas y actuaciones dirigidas en última instancia por el *data governance.*

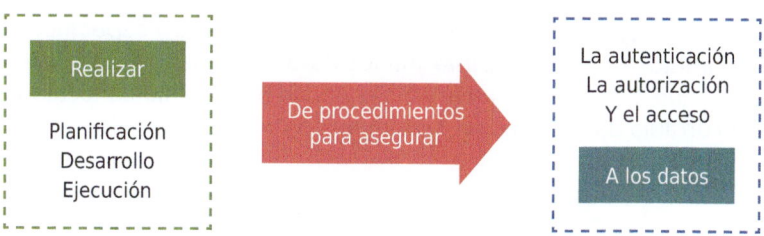

Esta función también se encargará de **monitorizar los datos para que se asegure la privacidad** de estos, incluso cuando sean compartidos. Los mecanismos a utilizar pueden ser los siguientes:

Enmascaramiento persistente
- Los datos se resguardan en entornos no productivos, es decir, de pruebas y desarrollo. Los datos originales quedarán modificados permanentemente, ya que el enmascaramiento se realiza en la información en reposo.

Enmascaramiento dinámico
- El proceso de resguardo de datos se hace en tiempo real, por lo que los datos se encuentran en entornos de producción, es decir, no se encuentran aislados. Los datos confidenciales son modificados, mientras que los originales permanecen sin cambios y en reposo.

NOTA

El enmascaramiento de datos consiste en crear una versión modificada de los datos para que, en lugar de acceder a los datos originales, se acceda a datos con una estructura distinta y así preservarlos.

Data integration

Este nivel lo conforman los **diferentes estándares y especificaciones implantados para poder integrar los datos en toda la organización,** de forma que todos los departamentos puedan quedar interconectados mediante un flujo de información. Lo forman dos conceptos:

Interoperabilidad
- Los sistemas deben ser capaces de interactuar entre ellos, permitiendo el flujo de datos.

Integración
- Debe darse este intercambio de datos entre los sistemas.
- Para ello, las áreas deben saber cómo se guarda la información en cada una de ellas. Por ejemplo, en cuanto a la arquitectura o el tipo de datos, ya que para que diferentes áreas puedan comunicarse, estas se deben entender.

Documents and contents

Este nivel se encarga de los datos que están fuera de las bases de datos. El objetivo es diseñar una serie de **reglas para organizar y estructurar esos datos** no relacionales, como pueden ser los contratos, las facturas, etc. y además conseguir que el acceso a ellos se lleve a cabo con eficiencia.

Por otro lado, existe otra función de iguales características que se encarga de que **datos especialmente importantes** y críticos para la organización sean creados de forma consistente y con calidad. Esta función se denominará *Reference and master data* y se encargará de los siguientes tipos de datos:

- **Datos maestros:** son los datos críticos para una organización, los especialmente importantes, y de ellos dependen ciertas operaciones:

  - Clientes
  - Empleados
  - Productos o socios

- **Datos de referencia:** datos estandarizados que sirven para clasificar información con otra información. Por ejemplo:

  - Género o edad
  - Código de un país
  - Tipo de producto

Data warehousing and business intelligence

Este nivel se ocupa de los datos analíticos e históricos de la organización y está compuesto por dos elementos que ya conoces:

> **Data warehouse**
> - Término que define la base de datos interna de la organización y las gestiones que se realizan con los datos: guardado, extracción, transformación y limpieza de datos.

> **Business intelligence**
> - Se sustenta en el data *warehouse* para analizar los datos en busca de información para la toma de decisiones.

Relacionado con el *data warehouse,* está el nivel de *Meta data.* La función de los *metadatos* es describir y etiquetar otros datos para poder clasificarlos, utilizarlos e interpretarlos.

La finalidad de este nivel es la de entender los distintos tipos de datos y si existe redundancia, eliminarla.

 EJEMPLO

Algunos de los metadatos más comunes son los siguientes:

- Nombre de campo
- Tipo de dato
- Fecha de negocio

Data quality

Última función que se encarga de que los datos de una organización sean lo suficientemente buenos como para considerarlos de calidad.

A tales efectos, deben cumplir una serie de características:

> **Consistencia**
> - Deben ser estables y coherentes con lo que representan.

Continúa en página siguiente >>

<< Viene de página anterior

Precisión
- Que aporten una fidelidad que se corresponda a lo que muestran o miden.

Completos
- Los datos deben aportar un significado lo suficientemente claro como para ser representativos.

Unicidad
- No deben aparecer de forma redundante.

Integridad
- Que muestren información correcta y estén correctamente relacionados con todas las fuentes.

Conformidad
- Deben ser adecuados para su función.

 TAREA 2

En la unidad de aprendizaje 1 aprendiste cómo integrar en una organización el sistema de *big data* y las diferentes tecnologías para realizar operaciones con los datos. En esta actividad irás un paso más allá y tendrás que incorporar en el organigrama de la empresa TextilTek S. L. un Departamento de Tecnologías de la Información (IT) que asegure una correcta gestión de los datos de toda la empresa gracias al *data management.*

Dado el siguiente organigrama de la empresa, crea una estructura en el Departamento IT y explica cómo asegurará la gestión de los datos en toda la organización según el *data management* y cómo llevará a cabo la organización las funciones de cuantificación, predicción, optimización e innovación con los datos.

Continúa en página siguiente >>

<< *Viene de página anterior*

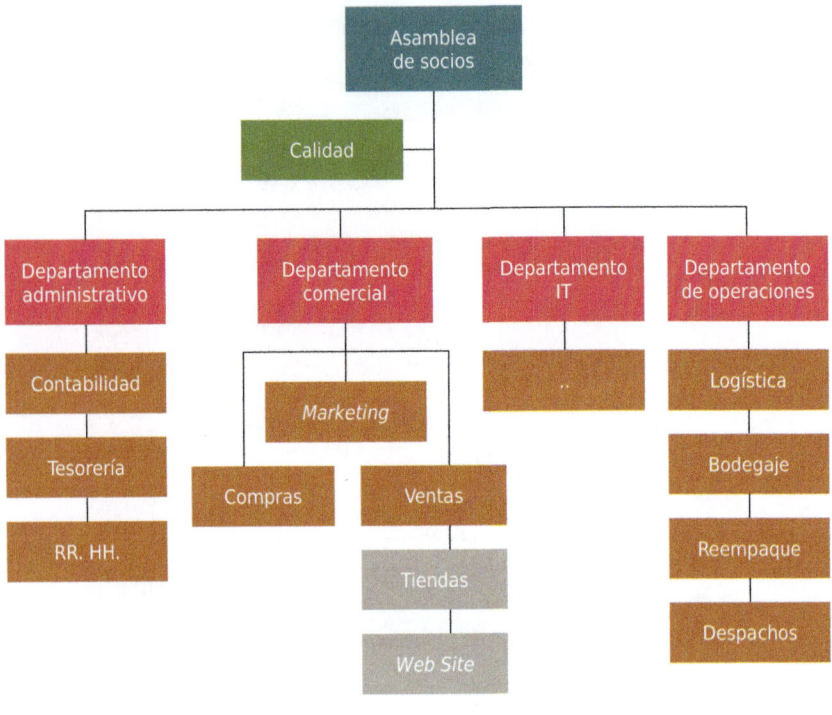

3. Problemas que aparecen en la recogida de datos

👉 **HILO CONDUCTOR**

Para TextilTek, S. L. no está siendo fácil dar el gran salto tecnológico que desea, ya que la implementación de las aplicaciones y métodos de trabajado requiere de formación específica por parte de toda la plantilla. Esto, unido a la alta complejidad de conseguir interacción entre todas las áreas de forma satisfactoria, hace que aparezcan problemas a la hora de saber qué datos recoger y cómo tratarlos. Este aspecto, junto con la obligación de adaptar los sistemas a la normativa europea de protección de datos, hace que resulte más complejo.

El *big data* es una herramienta clave y necesaria en la actualidad, pero no todo son ventajas y facilidades en cuando a su uso.

Las empresas, organizaciones y **usuarios** deben solventar distintos problemas y decisiones estratégicas.

Qué datos se deben medir y cuáles desechar

Entender cómo deben aplicarlos en casa situación

Saber qué datos deben compartir con los demás y qué datos deben permanecer en la privacidad

3.1. Qué se debe medir y qué se debe desechar

La recogida de datos, si bien es esencial para el análisis y toma de decisiones en el ámbito del *big data,* también plantea diversos desafíos y problemas que deben abordarse con cuidado. Uno de los problemas más comunes es la calidad de los datos, ya que la información inexacta o incompleta puede llevar a análisis erróneos y decisiones equivocadas. Garantizar la precisión y consistencia de los datos desde el inicio hasta su almacenamiento es crucial para obtener resultados confiables.

Además, la cantidad masiva de datos generados diariamente puede resultar abrumadora, lo que plantea interrogantes sobre qué datos son verdaderamente relevantes y deben ser medidos, y cuáles pueden ser descartados. Este proceso de selección y filtrado de datos es esencial para optimizar los recursos y centrarse en la información más valiosa. Definir claramente los objetivos y criterios de relevancia desde el principio facilita la toma de decisiones informadas y contribuye a un uso más eficiente de los recursos de análisis de datos.

Y es que el elemento humano es esencial para determinar qué datos son buenos y qué datos malos. Como ya sabes, **los datos en sí mismos son neutrales,** no tienen valor propio si no se los lleva a un contexto determinado.

Es esencial **conocer las relaciones de causa y efecto** que tienen esos datos para saber si tienen sentido o están vacíos. A esto se le une una dificultad más, y es la intención con la que esos datos están creados.

👁 EJEMPLO

TikTok utiliza un algoritmo de recomendación de contenido personalizado que se basa en el aprendizaje automático y en la inteligencia artificial para entender los gustos y preferencias de los usuarios. Aunque los detalles exactos del algoritmo no se han revelado completamente, se cree que toma en cuenta diversos factores para ofrecer vídeos atractivos a cada usuario.

El algoritmo analiza el comportamiento del usuario, como por ejemplo los vídeos que ha dado "me gusta", los perfiles que sigue, el tiempo que pasa viendo ciertos contenidos, y otros datos de interacción. También puede considerar información demográfica, ubicación geográfica y el dispositivo utilizado. A partir de esta información, *TikTok* sugiere contenido nuevo que se adapte a los intereses y preferencias del usuario, creando así una experiencia de visualización altamente personalizada.

Una vez separados los datos importantes, hay que saber qué información se quiere extraer de ellos y esto lo puedes averiguar por cuántas predicciones puedes sacar de ellos, es decir, **la capacidad que tienen estos datos para aportar conocimiento.**

IMPORTANTE

Es esencial conocer las relaciones causa-efecto que presentan los datos y el factor humano.

3.2. Saber entender los datos

Los profesionales que se dedican a trabajar con los datos no solo los aprovechan para extraer la información útil y separarla de lo inútil, sino que tienen una función aún más importante: **la de entenderlos y saber transmitir ese conocimiento a las personas que deben aplicarlos para los fines que sean.**

Y este es otro de los grandes problemas que hay que solucionar: la aplicación del *big data* requiere que el personal **adquiera nuevas habilidades** para comprender los resultados. Una opción por la que muchos han optado es contratar personal especializado o externalizar este servicio a c**onsultoras** que ayuden a las empresas a adquirir estas habilidades.

Una herramienta fundamental para ayudar a la formación de los trabajadores y directivos son las **herramientas de visualización,** como Tableau, Power BI o QlikView, ya que es mucho más fácil entender gráficos y esquemas que información escrita, puesto que aportan orden y claridad.

No solo basta con mostrar gráficas, sino saber entenderlas.

 **EJEMPLO**

CARTO es una plataforma de *software* como servicio (SaaS) que se especializa en la inteligencia de localización y el análisis visual de datos geoespaciales o de mapas. Fundada en 2012 bajo el nombre de CartoDB, la empresa cambió su nombre a CARTO en 2016. Su objetivo es hacer que los datos de ubicación sean accesibles y útiles para organizaciones de diversos sectores, incluyendo

Continúa en página siguiente >>

<< Viene de página anterior

administraciones públicas, empresas de *retail,* y organizaciones sin fines de lucro, entre otros.

La plataforma de CARTO permite a los usuarios transformar datos en visualizaciones de mapas interactivos y análisis espaciales sin necesidad de tener conocimientos especializados en sistemas de información geográfica (GIS). Esto se logra a través de una interfaz de usuario intuitiva y el uso de tecnologías de bases de datos como PostGIS y tecnologías de visualización como WebGL.

A finales del año 2023 publicaron un post en su blog con las visualizaciones más interesantes:

https://redirectoronline.com/ifct128po0201

3.3. Saber aplicar el conocimiento de los datos

👉 HILO CONDUCTOR

Gracias a la consultora contratada por TextilTek, S. L., el proceso de transformación de la empresa está siendo más fácil, ya que esta cuenta con experiencia suficiente en el campo de las IT. En concreto, ha tomado el modelo de *big data* y la gestión de otra organización líder en el sector textil, Zahara; de esta forma, el proceso de implementación en TextilTek, S. L. está siendo mucho más ágil gracias al aprendizaje multitarea.

Otra consecuencia que se deriva de la anterior es la siguiente: si aprendo qué significan esos datos, también debo aprender a saber usarlos y dónde aplicarlos.

Los cambios que implementan las empresas para la era digital y, sobre todo, de cara al *big data* no se pueden aplicar durante un corto plazo de tiempo, sino que pueden durar años. Es relativamente fácil digitalizar los documentos en papel, **pero no lo es tanto inculcar la filosofía a los trabajadores** y se vuelve todavía más complejo cuando se necesita aprender en qué lugar aplicar la información que estos nuevos dispositivos nos brindan.

Además, hay barreras que mediante la digitalización y el *big data* son muy fáciles de traspasar, como son las de la privacidad, y requiere de tiempo comprender estos nuevos límites que antes se veían mucho más lejanos.

Una forma de realizar el proceso de transformación es mediante el **aprendizaje multitarea,** que se puede traducir en varios pasos:

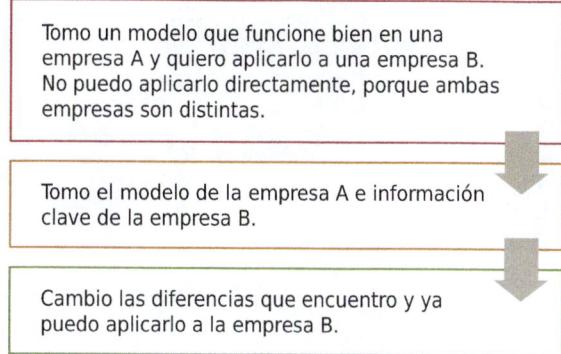

Tomo un modelo que funcione bien en una empresa A y quiero aplicarlo a una empresa B. No puedo aplicarlo directamente, porque ambas empresas son distintas.

Tomo el modelo de la empresa A e información clave de la empresa B.

Cambio las diferencias que encuentro y ya puedo aplicarlo a la empresa B.

3.4. La privacidad y la seguridad de los datos

Es aquí donde surge el mayor problema y el más controvertido, que es más importante: ¿la seguridad ciudadana o la protección a la intimidad?

El acceso a los datos y la violación de la privacidad es un tema de gran preocupación, ya que también entran en juego los intereses de las propias organizaciones que manejan los datos y los gobiernos, y es evidente que la implicación del *big data* en este tema es evidente.

Es fundamental realizar un manejo de datos responsable por parte de la comunidad implicada (informáticos, científicos de datos, etc.). Para ello, se han creado reglamentos a nivel mundial y leyes en gobiernos de todo el mundo que regulan este tema, aunque en la práctica es algo difícil de abordar y controlar.

Además de responsabilizar a los que hacen uso de los datos para los negocios, también es necesario **señalarnos a nosotros mismos,** ya que en la mayoría de los casos no somos conscientes de lo que implica navegar por internet y publicar nuestros temas personales, por lo que el compromiso debe adquirirse por parte y parte.

Por otro lado, también **se promueven acciones como compartir datos entre los sectores** público y privado, con el objetivo de detectar alertas, tales como problemas en zonas del mundo, enfermedades, desastres naturales, malestar social, etc. Sin embargo, existe un gran recelo por parte de los organismos y las compañías de ceder sus datos por miedo a perder beneficios económicos.

Sistemas como NeoFace pueden detectar fácilmente nuestra identidad (© Fotografía: NEC / au.nec.com - www.kcwtoday.co.uk)

 **EJEMPLO**

Hace varios años, Reino Unido publicó la implementación y puesta en funcionamiento de un *software* de reconocimiento facial: el **NeoFace.**

Este *software* usa las cámaras de videovigilancia ubicadas en el condado de Leicestershire, para comparar las caras de los implicados en delitos con la de todos los ciudadanos introducidos en la base de datos del condado y de esta forma poder detectar la identidad de los delincuentes.

ACTIVIDAD COMPLEMENTARIA

4. En el entorno en que vivimos existen multitud de organizaciones que trabajan con datos de las personas. Estas en cierto modo podrían comprometer nuestra intimidad.

Busca ejemplos a tu alrededor de aplicaciones tecnológicas que utilizan las empresas y que pueden comprometer nuestra privacidad, dando razones de por qué aplicaciones móviles o redes sociales como *TikTok* comprometen nuestra privacidad.

4. El presente y futuro de los datos: normativa y aplicaciones

☞ **HILO CONDUCTOR**

Dos son las normas a las que se debe ceñir la política de privacidad de datos de TextilTek, S. L. En primer lugar, al RGPD europeo como norma de referencia de reciente aplicación y, en segundo lugar, a la LOPD española que, pese a haber quedado en segunda instancia por el principio de primacía del derecho comunitario, también se prevé una actualización de este para los próximos años.

Cuando se habla de la importancia de los datos, es necesario hablar también de la importancia que tiene **enmarcarlos legalmente.** Ya has visto en apartados anteriores cómo entre los problemas que afectan a los datos el más importante es el de establecer ciertos límites entre el uso de los datos y la preservación de la privacidad.

Existen entidades reguladoras en todo el mundo con el objetivo de proporcionar una normativa en cuanto a protección de datos y obligar a las organizaciones a cumplirla. Todas estas normativas **buscan un objetivo común: proteger la privacidad de la información de cada persona.**

4.1. El Reglamento Europeo de Protección de Datos

Como ciudadano europeo debes tener prestar atención a conocer la normativa que afecta directamente el territorio donde vives. En la actualidad el que es de **aplicación obligatoria en España es el reglamento aprobado por la Comunidad Europea: el RGPD.**

El Reglamento General de Protección de Datos (RGPD), vigente desde el 25 de mayo de 2018, representa un cambio significativo en la regulación de la privacidad digital en la Unión Europea. El RGPD establece una nueva era de protección de la privacidad digital, el RGPD no solo impone estrictas normas sobre el procesamiento de datos personales, sino que también otorga a los individuos un mayor control sobre su información.

Sus principales características son:

- **Ámbito de Aplicación:** el RGPD se aplica a todas las organizaciones que procesan datos personales de ciudadanos de la Unión Europea, independientemente de la ubicación de la organización.
- **Consentimiento Informado:** las organizaciones deben obtener el consentimiento informado y claro de los individuos antes de procesar sus datos personales.
- **Derechos de los Individuos**: los ciudadanos tienen derechos claros sobre sus datos, incluido el derecho al acceso, rectificación, supresión y portabilidad de sus datos personales.
- **Responsabilidad y Transparencia:** las organizaciones son responsables de la protección de los datos y deben ser transparentes en cuanto al propósito y la forma en que procesan la información.
- **Notificación de Brechas de Seguridad:** se exige a las organizaciones notificar a las autoridades y a los individuos sobre cualquier violación de seguridad que pueda afectar sus datos personales.
- **Oficial de Protección de Datos (DPO):** algunas organizaciones deben designar un DPO para supervisar el cumplimiento del RGPD.
- **Sanciones por Incumplimiento:** se establecen sanciones financieras significativas por incumplir las disposiciones del RGPD.

4.2. Marco legal en España

El 9 de mayo de 2023 marcó un hito significativo en el ámbito de la protección de datos, con la publicación de una modificación clave en la Ley Orgánica de Protección de Datos Personales y garantía de los derechos digitales

(LOPDGDD). Esta actualización fue una respuesta a la experiencia acumulada desde la entrada en vigor del Reglamento General de Protección de Datos (RGPD) y la implementación de la Ley Orgánica, que evidenciaron la necesidad de adaptar ciertos aspectos para mejorar la eficiencia y la coherencia del marco normativo.

Una de las principales modificaciones introducidas fue la creación de un **nuevo procedimiento específico de apercibimiento,** diseñado para ofrecer una alternativa más flexible y rápida para abordar las reclamaciones de los ciudadanos. Este procedimiento, con una duración máxima de seis meses, permite una respuesta más ágil a las demandas de los usuarios, brindando una vía de resolución más eficiente para las partes involucradas.

Además, la modificación también abordó la necesidad de **regular las actuaciones de investigación llevadas a cabo por la Agencia Española de Protección de Datos (AEPD),** reconociendo la importancia de la investigación digital en un entorno cada vez más tecnológico. Esta actualización permitió no solo investigaciones presenciales, sino también investigaciones remotas a través de sistemas digitales, lo que mejoró la capacidad de la AEPD para cumplir con su mandato en un entorno digital en constante evolución.

Otra medida destacada fue la implementación de **modelos estandarizados para la presentación de reclamaciones ante la Agencia,** con el objetivo de simplificar y agilizar el proceso para los ciudadanos y las organizaciones. Estos modelos, de uso obligatorio para los interesados, se publicaron en el Boletín Oficial del Estado (BOE) y en la Sede electrónica de la AEPD, proporcionando un marco claro y uniforme para la presentación de reclamaciones, lo que mejoró la transparencia y la accesibilidad del proceso para todos los involucrados.

Esta actualización legal introdujo nuevas regulaciones y directrices relacionadas con la recopilación, el almacenamiento y el uso de grandes volúmenes de datos. **Se reforzaron las medidas de protección de la privacidad de los datos personales,** lo que afectó directamente a las prácticas de recopilación y análisis de datos en el contexto del *big data.* Además, se promovió la implementación de prácticas de gestión de datos más transparentes y responsables, con el objetivo de garantizar el cumplimiento de las regulaciones y proteger los derechos individuales de privacidad y seguridad de la información. Estas medidas buscaban equilibrar la capacidad de aprovechar los beneficios del *big data* con la necesidad de proteger los derechos y la privacidad de los individuos.

4.3. El *big data* de las personas

La rápida evolución del *big data* ha generado importantes cuestiones éticas relacionadas con la privacidad y el manejo responsable de la información. A medida que las organizaciones recopilan y procesan grandes volúmenes de datos, surge la necesidad de establecer límites éticos claros para garantizar el respeto a los derechos individuales. El uso ético del *big data* implica considerar aspectos como la transparencia en el tratamiento de la información, el consentimiento informado de los usuarios y la protección contra discriminaciones injustas basadas en datos.

La revolución del *big data* abre la puerta a innovaciones prometedoras, pero también plantea desafíos éticos significativos. En el horizonte, vemos la posibilidad de aplicaciones que podrían transformar la medicina personalizada, donde los datos genómicos se utilizarían para diseñar tratamientos precisos y personalizados. Sin embargo, esta maravilla tecnológica también plantea cuestiones éticas sobre la propiedad y el control de la información genética.

Otro ámbito de interés es la inteligencia artificial (IA), que podría potenciar sistemas de recomendación más avanzados, personalizando aún más nuestras experiencias en línea. Sin embargo, esto conlleva riesgos de manipulación de la información y sesgos algorítmicos, lo que destaca la necesidad de una regulación ética para garantizar decisiones justas y transparentes.

En el ámbito de la educación, el análisis de datos podría revolucionar la personalización de los planes de estudio, adaptándolos a las necesidades individuales de los estudiantes. Sin embargo, esto plantea cuestiones sobre la equidad y la privacidad, ya que se deben establecer salvaguardias para garantizar que los datos estudiantiles se utilicen de manera ética y sin sesgos discriminatorios.

Estos ejemplos ilustran la dualidad del *big data:* sus promesas de avances significativos se enfrentan a desafíos éticos que deben abordarse cuidadosamente para garantizar un futuro donde la tecnología beneficie a la sociedad de manera justa y equitativa.

Con las ciudades inteligentes podrían saber qué haces en todo momento.

 TAREA 3

Añade al Departamento de IT que has creado anteriormente en la empresa de la Tarea anterior un área que se encargue de cumplir la normativa de protección de datos y otra que se encargue de la formación de los trabajadores en la tecnología del *big data*.

Explica brevemente qué funciones tendrán cada una de las nuevas áreas y cómo ayudarán a evitar los distintos problemas que podrían aparecer a la hora de trabajar con los datos en la empresa del caso práctico.

5. Resumen

Existen empresas que basan su existencia en los datos, ya que estos son en sí un negocio muy rentable. Las áreas estratégicas de las organizaciones deben extraer el máximo partido al estudio de la información y gracias a ello serán capaces de:

Los datos son un ente estratégico esencial para la evolución de los negocios. Debido a esto surge el concepto de *data management,* útil para establecer una serie de funciones básicas para estructurar la gestión de los mismos:

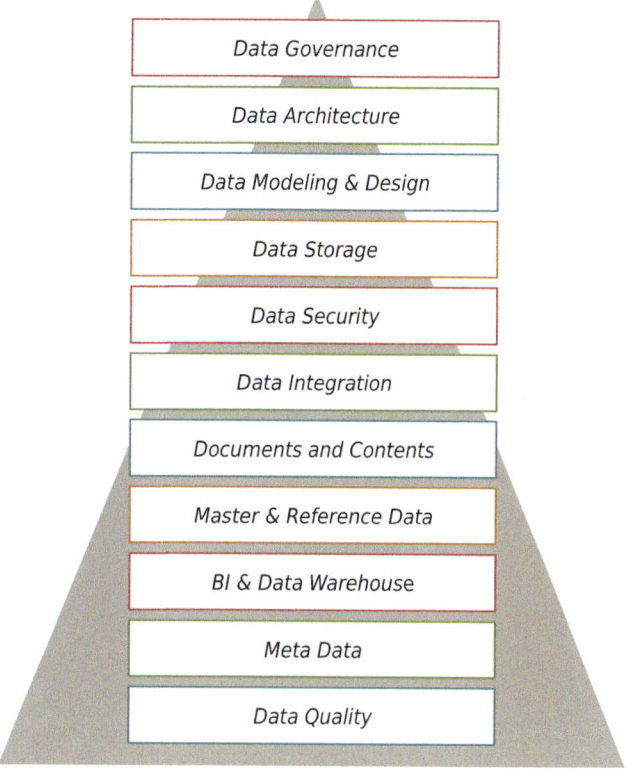

El *big data* es una herramienta clave y necesaria en la actualidad, pero no todo son ventajas y facilidades en cuando a su uso.

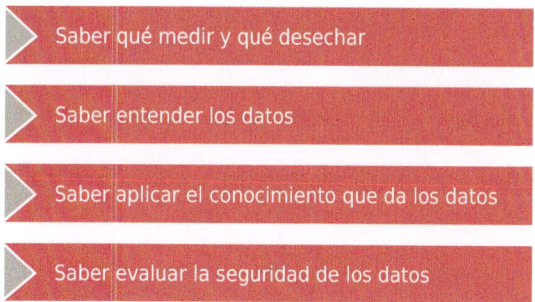

Las entidades reguladoras crean un marco jurídico en cuanto a protección de datos para obligar a las organizaciones a cumplir su seguridad. Todas estas normativas buscan un objetivo común: proteger la privacidad de la información de cada persona.

En cuanto al futuro de los datos existen aplicaciones cada vez más desarrolladas e innovadoras que apuntan a mejorar la vida de las personas.

Ejercicios de autoevaluación
Unidad de Aprendizaje 2

1. **Indica si las siguientes afirmaciones sobre la cuantificación de datos en las organizaciones son verdaderas o falsas.**

   a. Gracias a los sensores instalados en las máquinas se pueden adquirir datos cualitativos que se pueden usar en la estrategia comercial de la organización.

      ■ Verdadero
      ■ Falso

   b. Todos los datos almacenados en el *data warehouse* de las organizaciones son importantes para su análisis en busca de información.

      ■ Verdadero
      ■ Falso

   c. A los datos guardados obligatoriamente por las organizaciones solo tienen permitido el acceso los inspectores y las autoridades.

      ■ Verdadero
      ■ Falso

   d. Las organizaciones deben extraer información tanto de los datos cuantitativos como de los datos cualitativos.

      ■ Verdadero
      ■ Falso

   e. Los datos cualitativos normalmente se adquieren mediante preguntas tipo test en encuestas.

      ■ Verdadero
      ■ Falso

2. ¿Qué son los KPI?

    a. Son una serie de empleados que se encargan de medir el rendimiento de procesos y, además, relacionarlos con los objetivos fijados para dichos procesos.

    b. Son indicadores que se utilizan para medir el rendimiento de procesos y, además relacionarlos con los objetivos fijados para dichos procesos.

    c. Son un conjunto de indicadores que recogen información cualitativa de los procesos de la organización.

    d. Son un conjunto de indicadores que sirven para medir el rendimiento de los empleados.

3. ¿Cuál de las siguientes opciones describe mejor la relación entre innovación y *big data*?

    a. Proceso de mantener el *statu quo* y evitar cambios en el análisis de grandes volúmenes de datos.

    b. Acción de copiar exactamente las estrategias de la competencia en el contexto del procesamiento de información masiva.

    c. Acto de introducir novedades significativas para mejorar o transformar productos, servicios o procesos mediante el uso inteligente de grandes conjuntos de datos.

    d. Rutina de seguir métodos tradicionales sin buscar mejoras en la gestión de información a gran escala.

4. ¿Cuál de estas no es una función del *data governance*?

    a. Crear los estándares y las políticas que guiarán el uso de los datos.

    b. Establecer los roles y las responsabilidades internas.

    c. Decidir la tecnología más adecuada para la gestión de datos.

    d. Definir y desarrollar la arquitectura de los datos.

5. Indica si las siguientes afirmaciones sobre el *data modeling and design* son verdaderas o falsas.

    a. Transforma el modelo lógico en modelo físico y funcional.

    ■ Verdadero
    ■ Falso

b. Trabaja directamente con las bases de datos.

- ■ Verdadero
- ■ Falso

c. Se dedica a estructurar los datos y a almacenarlos en las bases de datos.

- ■ Verdadero
- ■ Falso

d. Cuenta con la figura del ingeniero o arquitecto de datos.

- ■ Verdadero
- ■ Falso

6. ¿Cuáles de estas se consideran funciones del *data security*?

a. Monitorizar los datos para que se asegure la privacidad.
b. Utilizar el enmascaramiento de datos como técnica de protección de datos.
c. Controlar el acceso a los datos mediante la autenticación y la autorización a los interesados.
d. Ejecutar las políticas y actualizaciones propuestas por el data governance.

7. ¿Qué características no son de aplicación para asegurar la calidad de los datos en el *data quality*?

a. Universalidad
b. Precisión
c. Integridad
d. Publicidad
e. Estandaridad

8. **¿Cuál de las siguientes afirmaciones sobre el problema de saber entender los datos que se presentan no es correcta?**

    a. Para saber entender los datos son de ayuda las herramientas visuales.

    b. Para saber entender los datos es de ayuda la contratación de personal especializado.

    c. Solo la dirección de una organización tiene obligación de adquirir conocimientos específicos sobre el tratamiento de datos.

    d. Las herramientas visuales no son suficientes para asegurar un correcto entendimiento de lo que en ellas se representa.

9. **¿Cuál es el nombre de la norma europea de protección de datos?**

    a. Ley Orgánica de Protección de Datos.

    b. Reglamento Nacional de Protección de Datos.

    c. Reglamento General de Protección de Datos.

    d. Ley Europea de Protección de Datos.

10. **La legislación española sobre protección de datos será de aplicación cuando:**

    a. Alguno de sus puntos no contradiga al Reglamento Europeo.

    b. En todo caso por tener más validez que el Reglamento Europeo.

    c. En ningún caso por el principio de primacía de los reglamentos europeos.

    d. Solo en los casos en que el presidente del gobierno no desee previa votación de las Cortes Generales.

Algunos conceptos técnicos de la analítica tradicional

Contenido

1. Introducción
2. Analítica tradicional vs. *big data*
3. Componentes del *business intelligence*
4. Herramientas del BI
5. Resumen

Objetivos

El objetivo general de esta Unidad de Aprendizaje es:

→ Aprender el concepto y el alcance de la analítica tradicional que viene identificada con la implementación de soluciones *business intelligence,* así como saber definir los diferentes elementos que lo forman y su utilidad.

Los objetivos específicos de esta Unidad de Aprendizaje son:

→ Saber evaluar el alcance de la analítica tradicional respecto a la analítica avanzada y la compatibilidad entre ambas.

→ Aprender qué es el proceso ETL y las distintas fuentes de información para el *business intelligence.*

→ Saber de qué está compuesto el *data warehouse.*

→ Conocer cada una de las herramientas de visualización, consulta y análisis del *business intelligence* y saber los puntos fuertes de cada una.

1. Introducción

 HILO CONDUCTOR

TextilTek, S. L. siempre ha procurado estar a la vanguardia en tecnología, por lo que antes de dar el gran salto a la tecnología del *big data,* ya contaba con una implantación de *business intelligence.* En esta unidad sabrás de primera mano cómo era el sistema de TextilTek, S. L.

Debido al constante avance tecnológico, los métodos de análisis de datos han experimentado una notable evolución en los últimos años. Desde los primeros días del *business intelligence* hasta la irrupción del *big data,* se ha observado una transformación significativa en numerosos conceptos.

En la actualidad, nos encontramos frente a una cantidad cada vez mayor de datos, pero con menos tiempo disponible para analizarlos. Por lo tanto, resulta imperativo que las organizaciones avancen en su tecnología para adaptarse a esta dinámica cambiante. En este contexto, cobra especial relevancia la discusión sobre los sistemas de análisis utilizados por las empresas para convertir estos datos en información útil en la toma de decisiones, dado que los métodos de análisis avanzados actuales difieren considerablemente de sus predecesores.

En esta unidad, nos enfocaremos en comprender los principios fundamentales del análisis de datos tradicional, ya que, en muchos casos, estos constituyen los pilares sobre los cuales se construye el concepto contemporáneo de *big data.* Es esencial comprender a fondo los conceptos técnicos y el alcance de estos métodos, así como profundizar en el desarrollo continuo del *business intelligence* hasta nuestros días.

2. Analítica tradicional vs. *big data*

 HILO CONDUCTOR

El motivo fundamental por el que TextilTek, S. L. decidió proponerse implementar un sistema *big data* fue porque necesitaba herramientas que fueran capaces

Continúa en página siguiente >>

<< Viene de página anterior

de analizar no solo los datos internos de esta, sino datos no estructurados provenientes de clientes y de internet. Además, necesitaba analizar datos para intentar vislumbrar el futuro de la empresa y esto no se lo podía proporcionar el *business intelligence.*

La analítica tradicional y el *big data* representan dos enfoques distintos pero complementarios para el análisis de datos en las organizaciones. En un mundo cada vez más digitalizado, la gestión y el análisis de la información son cruciales para la toma de decisiones efectiva. En este contexto, es importante comprender las diferencias entre estos dos enfoques para aprovechar al máximo su potencial y obtener *insights* valiosos que impulsen el crecimiento y la innovación empresarial. A continuación, exploraremos las cinco principales diferencias:

1. **Volumen de datos:** la analítica tradicional trabaja con conjuntos de datos estructurados y generalmente de tamaño moderado, que pueden ser gestionados por sistemas convencionales de bases de datos. En contraste, el *big data* maneja enormes volúmenes de datos, tanto estructurados como no estructurados, provenientes de diversas fuentes como sensores, redes sociales, transacciones en línea, entre otros.
2. **Velocidad de procesamiento:** la analítica tradicional tiende a trabajar con datos estáticos y requiere menos tiempo para procesar y analizar la información. En cambio, el *big data* se caracteriza por su capacidad para procesar datos en tiempo real o cerca de tiempo real, lo que permite obtener resultados más rápidamente y tomar decisiones más ágiles.
3. **Variedad de datos:** mientras que la analítica tradicional se enfoca principalmente en datos estructurados, como los almacenados en bases de datos relacionales, el *big data* también incluye datos no estructurados, como texto, imágenes, audio y video. Esto amplía significativamente el espectro de información disponible para el análisis.
4. **Herramientas y tecnologías:** la analítica tradicional suele utilizar herramientas y tecnologías convencionales, como SQL y software de *business intelligence*, mientras que el *big data* se apoya en tecnologías específicas diseñadas para gestionar grandes volúmenes de datos, como *Hadoop,* y sistemas de almacenamiento distribuido.
5. **Objetivos y enfoque:** la analítica tradicional se centra en la generación de informes retrospectivos y análisis descriptivos para entender lo que ha sucedido en el pasado. En cambio, el *big data* tiene como objetivo principal identificar patrones, tendencias y correlaciones en los datos para predecir eventos futuros, optimizar procesos y tomar decisiones basadas en datos en tiempo real.

Gráfico de evolución según las preguntas que se desean responder

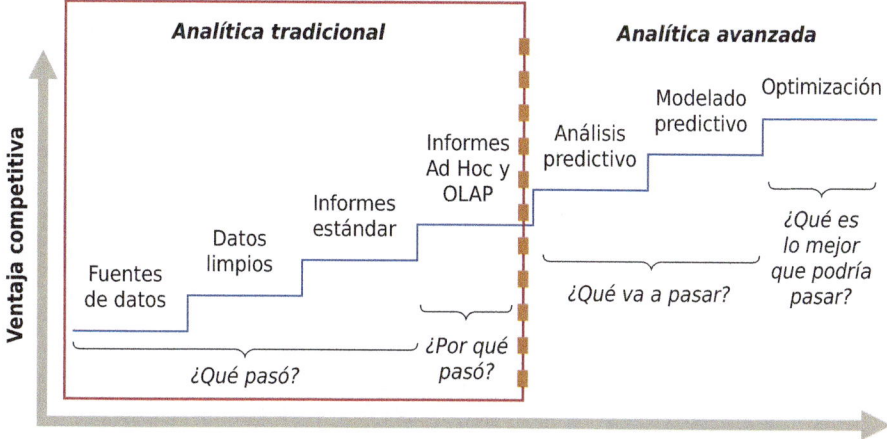

2.1. Cómo se complementan el *business intelligence* y el *big data*

Si bien la tecnología del BI en sí misma no permite realizar predicciones mediante el análisis de datos, **este no es excluyente a la hora de implementar un sistema *big data*.** Las organizaciones que cuentan con un *data warehouse* tradicional y que, por lo tanto, pueden estar usando BI tienen perfectamente la posibilidad de implementar un sistema *big data* que trabaje con ese *data warehouse* y les proporcione una potencia de análisis extra para responder preguntas de futuro.

Áreas de operación del BI y el *big data*

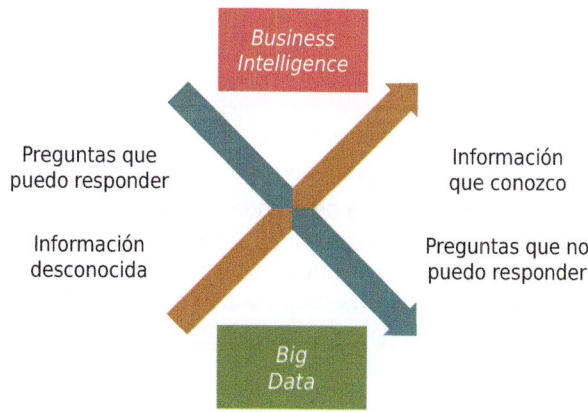

Ambos sistemas son compatibles y complementarios, pero su filosofía es distinta. Mientras que el BI da respuestas al presente y el pasado mediante el análisis de pequeños volúmenes de datos estructurados, el *big data* pretende buscar respuestas de futuro en los grandes *data lake.*

Sistema	Big data	Business intelligence
¿Qué es?	Tecnología de análisis de grandes volúmentes de datos semi o no estructurados	Tecnología de análisis para datos estructurados
¿Para qué sirve?	Descubre patrones y tendencias en los datos para buscar preguntas	Analiza los datos para responder preguntas conocidas
¿Cómo se complementan?	Permite estructurar y filtrar información para alimentar al BI	Proporciona las herramientas de análisis para tablas en *big data*

 ## ACTIVIDAD COMPLEMENTARIA

5. Ya has aprendido lo que significan los conceptos de BI y *big data,* y la filosofía de cada uno. Identifica y explica, al menos, una diferencia entre cada uno.

3. Componentes del *business intelligence*

 ## HILO CONDUCTOR

La estructura del BI de TextilTek, S. L. es semejante a la que verás a continuación, pero al ser una empresa de grandes dimensiones, cuenta con un sistema de almacenamiento dividido en varios *data warehouses* y, además, *data marts* para cada una de las áreas críticas, así como un sistema OLAP para realizar consultas a las bases de datos.

En los proyectos de BI es necesario **definir tanto los objetivos como el alcance de las soluciones** que se quieren implementar. Para explicar los conceptos esenciales de la analítica tradicional del BI es bueno que recuerdes los distintos componentes que lo forman.

Componentes del *business intelligence*

3.1. Fuentes de información

Los datos de una organización son la parte fundamental del BI. En el nivel de complejidad que adquiere el almacenamiento de estos datos influyen factores como la **cantidad de fuentes de información y la diversidad de estas,** pero siempre **es necesario que la información venga estructurada,** ya que de lo contrario se estaría hablando de soluciones *big data* para la gestión de la misma.

Existen organizaciones que cuentan con una sola base de datos hasta otras que tienen muchas más. Por ello, es importante, por un lado, contar con la misma codificación de datos en todas ellas para simplificar su acceso y, por otro, contar con conocimientos de diferentes sintaxis de **lenguaje SQL.**

 **DEFINICIÓN**

SQL o *Structured Query Language* (en español, Lenguaje de Consulta Estructurada)
Es un lenguaje desarrollado por IBM para el acceso y consulta de bases de datos relacionales y, con ello, extraer información y, además, modificarla.

En analítica tradicional se trabaja exclusivamente con datos estructurados, por lo que la información se guarda en forma de tablas. Algunas de las fuentes más comunes de información son las siguientes:

- **Fuentes operacionales:** se trata de aplicaciones desarrolladas a medida para la generación de datos para la organización. Algunas de las más importantes son:

  - **Sistemas de punto de venta (POS):** registros de transacciones de ventas y pagos en tiendas físicas o en línea.
  - **Sistemas de gestión de inventarios:** información sobre el flujo de productos y existencias en almacenes y centros de distribución.
  - **Sistemas de gestión de relaciones con clientes (CRM):** datos relacionados con clientes, como historial de compras, interacciones y preferencias.
  - **Sistemas de gestión de recursos humanos (HRMS):** datos de empleados, como registros de nómina, historiales laborales y evaluaciones de desempeño.

- **Fuentes departamentales:** son los datos generados por las distintas áreas de trabajo en la organización. Algunas son:

  - **Archivos de hojas de cálculo:** datos recopilados y mantenidos por departamentos específicos, como informes financieros, listas de contactos y presupuestos.
  - **Informes y documentos internos:** información generada por departamentos para informar sobre actividades y resultados, como informes de ventas, informes de *marketing* y análisis de operaciones.

○ **Bases de datos departamentales:** algunos departamentos pueden mantener sus propias bases de datos para gestionar información específica de su área de responsabilidad, como bases de datos de proyectos, inventarios de productos o registros de clientes potenciales.

➲ **Fuentes externas:** normalmente es información obtenida de bases de datos externas. Algunas son:

○ **Datos de proveedores:** información proporcionada por terceros, como proveedores de datos de mercado, datos geoespaciales o datos meteorológicos.
○ **Datos de redes sociales:** datos generados por usuarios en plataformas de redes sociales que pueden proporcionar información sobre opiniones de clientes, tendencias de mercado y percepciones de marca.
○ **Datos de investigación de mercado:** información recopilada a través de encuestas, estudios de mercado y análisis de la competencia para comprender el entorno empresarial y las preferencias del cliente.
○ **Datos oficiales:** cómo los recogidos por las *smart cities,* el Instituto Nacional de Estadística (INE) u otros organismos públicos, nacionales o internacionales.

Asimismo, la calidad de los datos es fundamental, ya que se trata del *data warehouse* interno, por lo que **la existencia de errores en su estructura de datos provocaría errores en cascada en toda la organización.**

Estos errores pueden proceder del **proceso ETL,** que verás posteriormente, o del propio *data warehouse,* por lo que es necesario un control entre lo que se extrae de las fuentes de datos y lo que se guarda. Este control normalmente sería manual de forma tradicional o mediante *software* automatizado.

___

3.2. Proceso ETL

👉 **HILO CONDUCTOR**

___

En cuanto a herramientas para el procesado ETL, TextilTek, S. L. apostó en un principio por *software* de pago; en su caso, IBM *Inforsphere DataStage.* Al contar con un sistema de almacenado y procesamiento centralizado, el *software* de IBM era el indicado, ya que se especializa en trabajos con *mainframes* o com-

Continúa en página siguiente >>

<< Viene de página anterior

putadoras centrales. Sin embargo, poco después debido a la gran expansión dividieron el sistema en varias partes y decidieron implementar el sistema de *software* libre Hadoop, junto con varios especialistas que se dedicarían a optimizar este para la empresa.

- -

ETL (de las siglas en inglés: *Extract, Transform, Load)* es un proceso utilizado en la integración de datos que implica extraer datos de diversas fuentes, transformarlos en un formato adecuado y cargarlos en un destino de almacenamiento, como un almacén de datos o una base de datos. Este proceso permite consolidar datos de diferentes fuentes, limpiarlos, combinarlos y estructurarlos de manera coherente para su posterior análisis y utilización en la toma de decisiones empresariales.

Es un proceso clave para el BI, ya que su implementación ocupa desde el 60 % hasta el 80 % de tiempo en un sistema de BI, además de un mayor consumo de recursos económicos y humanos.

Este alto porcentaje se debe a la importancia crítica del proceso ETL para garantizar la calidad, integridad y coherencia de los datos utilizados en las análisis y reportes del BI.

El **proceso ETL** se divide en varios subprocesos:

- **Extracción:** este proceso se puede realizar de forma manual o mediante aplicaciones informáticas que permiten la detección de errores. Uno de los problemas más comunes de este proceso es la variedad de fuentes de datos y cómo homogeneizarlo todo.
  Durante la extracción de los datos, estos se guardan provisionalmente en un lugar intermedio, el *data staging,* donde se acumulan datos de las distintas fuentes antes de ser volcados al *data warehouse.*
- **Limpieza:** en este proceso se realizará la depuración de los datos, eliminando duplicados y datos dañados o que contradigan a otros.
- **Transformación:** tras la limpieza de los datos, estos se transforman para estandarizarlos según las reglas de la organización que los guarda en cuanto a formatos, códigos, etc. Además, se ajusta su nivel de detalle para optimizar el guardado. Por ejemplo, para poder acceder a las líneas de una factura que se encuentra almacenada en el *data warehouse* durante semanas o meses.
- **Integración:** se procede al volcado de datos en el *data warehouse* y se comprueba que estos coincidan con los valores reales.

● **Actualización:** finalmente, se determinará la periodicidad con la que se realizarán modificaciones o nuevos guardados.

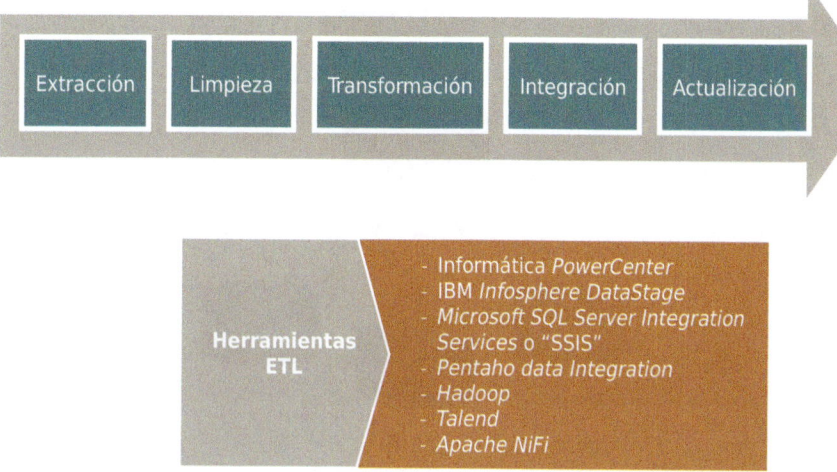

3.3. Almacenamiento de datos: *datawarehouse*

Los datos de una organización pueden llegar de diferentes sitios, pero lo ideal es tenerlos en el mismo entorno para facilitar el análisis y acceso a ellos. Antes de la implementación de los sistemas de almacenamientos actuales, para realizar un análisis las empresas debían tomar una hoja de cálculo, en el caso de tenerla, y volcar en ella los datos que deseaban analizar manualmente. Esto provocaba errores de datos, lentitud y una continua repetición.

Con la llegada de los sistemas de almacenamiento masivo se dio un paso fundamental en el rendimiento de las organizaciones y así nació el *data warehouse,* un sistema capaz de almacenar bajo una **misma estructura relacional** que permitía obtener la información que se necesitara en cada momento.

Además del *data warehouse,* que es en esencia el almacenamiento principal, también podrás encontrar el *data mart,* cuya su utilidad radica en **agilizar el acceso a la información por parte de determinadas áreas.**

Existe también otro elemento fundamental que da sentido al almacenamiento central, el *meta data,* que es un repositorio donde se almacenan los datos que dan significado a la información almacenada.

Componentes de un sistema de almacenamiento en BI

Data mart

Los *data warehouses* normalmente están formados por una gran base de datos, **pero hay situaciones en las que estos deben estar distribuidos en varias unidades,** ya sea por la gran cantidad de datos existente o por motivos de flexibilidad en la búsqueda de información. Además, **es una forma de evitar posibles fallos** que afectarían a toda la base de datos.

Así es como aparece el *data mart,* que está formado por bases de datos más pequeñas y dirigidas a guardar información de determinadas áreas de la organización o para un nivel o grupo concreto de miembros de algún departamento.

Estas pequeñas bases de datos serán usadas por menos personas y contendrán menos tipos de datos, por lo que el trabajo con ellas será más rápido y específico. Pueden ser de **dos tipos:**

Data mart **independiente**	*Data mart* **dependiente**
- Estos obtienen la información directamente de los orígenes, lo cual puede presentar a la larga incompatibilidades con otros *data mart* creados posteriormente debido a la diversidad de tipos de datos.	- Estos se alimentan desde el *data warehouse* central, por lo que no hay problemas en errores de datos, ya que vienen filtrados desde su origen.

Meta data

El *meta data* es un repositorio de información que le da significado a los datos que se encuentran en el *data warehouse* o, en su caso, en el *data mart*.

En estos datos **se encuentran las descripciones importantes para los departamentos informáticos.** Por ejemplo, los orígenes de la propia información, los criterios utilizados para los filtros de datos, el nombre de las tablas y columnas, su uso, etc.

También **se encuentra información importante para los usuarios** como, por ejemplo, el método de cálculo utilizado, responsables de los datos, formatos, etc.

4. Herramientas *Front-end*

☞ HILO CONDUCTOR

Las herramientas para el manejo y análisis de datos son fundamentales. En este caso, TextilTek cuenta con distintos tipos de soluciones. Para realizar cálculos específicos y ocasionales tienen *Microsoft Excel*. Además, cuentan con tableros de mando para cada una de las áreas y la dirección, y un sistema de consultas OLAP para el análisis de datos en múltiples dimensiones.

El término *front-end* se refiere a la capa de un sistema o aplicación que los usuarios interactúan directamente. Es responsable de presentar la interfaz de usuario y proporcionar una experiencia visual intuitiva y atractiva. Esta parte del sistema se enfoca en la presentación y la interacción con los usuarios finales, ofreciendo una interfaz gráfica a través de la cual los usuarios pueden acceder y manipular los datos o funciones.

Una vez obtenida la información que se desea, es hora de estudiar los resultados. Para ello será necesario contar con herramientas que permitan mostrar estos resultados de forma amigable y comprensible.

Una forma de representar la información es mediante los **tableros** o **cuadros de mando** que ya has conocido de forma superficial en puntos anteriores. Estos tableros pueden **representar información mediante indicadores** para mostrar el rendimiento de ciertos parámetros o monitorear las operaciones que se realizan en la organización.

Uno de los objetivos básicos del BI es el de **crear una estrategia adecuada de** *reporting* **de información,** y no necesariamente en tiempo real, ya que el objetivo de la analítica tradicional es mostrar la información relativa al rendimiento de la organización en el pasado y presente.

Algunas de las **aplicaciones** que tienen estas herramientas son:

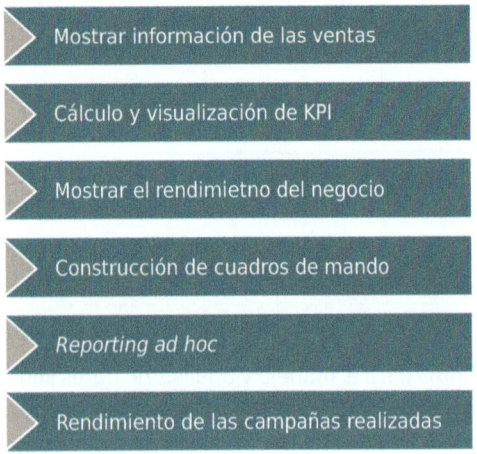

Mostrar información de las ventas

Cálculo y visualización de KPI

Mostrar el rendimietno del negocio

Construcción de cuadros de mando

Reporting ad hoc

Rendimiento de las campañas realizadas

4.1. Hojas de cálculo

Una de las herramientas más utilizadas desde los inicios del BI es la hoja de cálculo. Esta herramienta permite ordenar la información en forma de tablas, mediante filas y columnas, y aplicar funciones matemáticas, estadísticas o lógicas con los datos.

El procedimiento a seguir puede ser el de realizar una consulta de datos al *data warehouse* y descargar los datos en una hoja de cálculo. Con esto se podrán representar tanto números como letras y, además, realizar cálculos con ellos.

Las hojas de cálculo destacan por:

1. Una gran facilidad de uso, ya que el procedimiento de cálculo es totalmente gráfico e intuitivo, y se puede aprender a manejar con una mínima formación.
2. Ofrece importantes soluciones para la presentación de resultados en cuanto a la personalización y a la claridad.

En cambio, dos desventajas de las hojas de cálculo son:

1. Las hojas de cálculo tienen limitaciones en cuanto al tamaño de los datos que pueden manejar, lo que puede dificultar el análisis de grandes volúmenes de información.
2. Pueden generar problemas de control de versiones y seguridad, ya que múltiples usuarios pueden acceder y editar el mismo archivo simultáneamente, lo que puede llevar a la pérdida de datos o a la falta de integridad en la información.

Algunos ejemplos de hojas de cálculo populares son *Microsoft Excel, Google Sheets* y *LibreOffice Calc.* Estas herramientas son ampliamente utilizadas para realizar cálculos, análisis de datos, presupuestos, seguimiento de inventario y muchas otras tareas relacionadas con la gestión de datos y la planificación financiera.

4.2. Generador de informes. Herramientas *ad hoc*

👉 HILO CONDUCTOR

Para el área de Ventas de TextilTek, S. L. esta herramienta resulta especialmente útil, ya que la facilidad que aporta a los comerciales para adquirir informes personalizados de sus ventas la hace especialmente interesante.

- -

Las **herramientas de consulta *ad hoc* se basan en la tecnología de la web 2.0** en cuanto a su facilidad para que cualquier usuario pueda generar un informe desde cualquier lugar. Estas soluciones están diseñadas para fines específicos, por lo que no son para uso general. Es propiamente lo que significa *ad hoc:* algo hecho para un fin concreto.

Las consultas *ad hoc* se realizarán en línea y proporcionan libertad en cuanto a la selección de información para las consultas, por lo que es compatible con los distintos modelos de datos que pueden existir. Además, están orientadas a cualquier usuario, por lo que el objetivo final es proporcionar un soporte sencillo.

Por otro lado, la implementación de estas soluciones **puede comprometer la seguridad,** ya que se elimina la posibilidad de imponer directivas de acceso para restringir estos a usuarios comunes. Actualmente, las herramientas más utilizadas son Pentaho BI, Tableau, Microsoft Power BI, QlikView, Sisense y BIZAGI.

4.3. Herramientas *dashboard*

 HILO CONDUCTOR

TextilTek, S. L. cuenta con *dashboards* para cada una de las áreas. En ellas se muestra información histórica y en tiempo real del funcionamiento de estas. Además, como herramienta analítica avanzada, cuenta también con un cuadro de mando integral.

El *dashboard* o tablero de mando es una de las herramientas de visualización de información más utilizadas en la analítica tradicional y a día de hoy.

Es una representación gráfica de un conjunto de KPI seleccionados con el objetivo de monitorizar el rendimiento que tiene la organización y su progreso. Gracias a ella, podrás visualizar información útil de la situación de la empresa en el presente respecto al pasado y compararla con los objetivos marcados.

El **tablero de mando** no debe ser usado exclusivamente por la dirección de la organización. Es decir, para una buena implementación esta debe contar con tableros por cada una de las áreas.

A continuación, se presentan las características que debe cumplir un tablero de mando para que se considere correcto.

KPI adecuadas
- Se deben elegir con sentido y que arrojen información importante para tomar decisiones.

Visual
- La información representada debe estar ordenada y limpia para su mejor comprensión.

Accionable
- Lo que en él se representa debe permitir comparar datos y contextualizarlos.

Personalizado
- Debe estar totalmente personalizado a los objetivos y la organización para ser objetivo.

Tipos de *dashboards*

Existen distintos tipos de *tableros de mando,* según los propósitos con los que las organizaciones pretendan usarlos.

Algunos de ellos son la evolución de otros para ser capaces de introducir un sentido analítico en la información y así evaluar acciones en el futuro, por lo que formarían parte de una analítica más avanzada.

Los sistemas de inteligencia empresarial se dividen en cuatro categorías: operativos, tácticos, analíticos y estratégicos. Estos sistemas son fundamentales para respaldar la toma de decisiones en todos los niveles de la empresa:

- ⮞ **Operativos:** se centran en el monitoreo y control de las actividades diarias y operativas de una organización. Proporcionan información detallada y en tiempo real sobre el rendimiento de los procesos clave y permiten a los usuarios tomar decisiones rápidas para abordar problemas y mejorar la eficiencia operativa.
- ⮞ **Tácticos:** están orientados a apoyar la toma de decisiones a medio plazo y la gestión de áreas específicas dentro de la organización. Ofrecen una visión más detallada del desempeño de los departamentos o equipos, proporcionando métricas y KPI relevantes para ayudar a los gerentes y supervisores a optimizar los procesos y recursos.
- ⮞ **Analíticos:** se centran en el análisis y la interpretación de datos para descubrir tendencias, patrones y relaciones significativas que puedan influir en la toma de decisiones estratégicas. Permiten a los usuarios explorar

datos de manera interactiva, realizar análisis comparativos y obtener respuestas para impulsar la innovación y la competitividad de la empresa.

➲ **Estratégicos:** están diseñados para respaldar la toma de decisiones a nivel ejecutivo y gerencial, proporcionando una visión holística del desempeño organizacional y los objetivos estratégicos de la empresa. Ofrecen métricas clave relacionadas con la dirección estratégica de la empresa, permitiendo a los líderes tomar decisiones informadas para alcanzar los objetivos a largo plazo y adaptarse a los cambios del mercado.

4.4. Herramientas OLAP

 HILO CONDUCTOR

Finalmente, y como elemento fundamental para la gestion de datos, TextilTek, S. L. ha implementado un sistema OLAP, ya que este le proporciona la potencia suficiente para realizar consultas a las distintas bases de datos y proporcionarle información en varias dimensiones y, con ello, ganar en tiemo y rendimiento.

Es otra de las herramientas más importantes en el BI. **Las herramientas OLAP** *(OnLine Analytical Processing)* o, en español, Procesamiento Analítica en Línea, **permiten la consulta y el análisis de información que se encuentra en un *data warehouse.***

Esta herramienta es especialmente útil cuando se desea **analizar información en múltiples dimensiones.** Por ejemplo, si deseas analizar las ventas de un producto, puedes hacerlo simultáneamente solicitando el análisis con varias variables (por zona, por tiempo, por tipo de cliente, etc.). El análisis OLAP te permitirá realizar un análisis teniendo en cuenta todas estas variables a la vez.

A este tipo de análisis se le denomina análisis multidimensional, porque puedes obtener información desde distintas perspectivas.

Representación de un cubo OLAP de datos en tres dimensiones

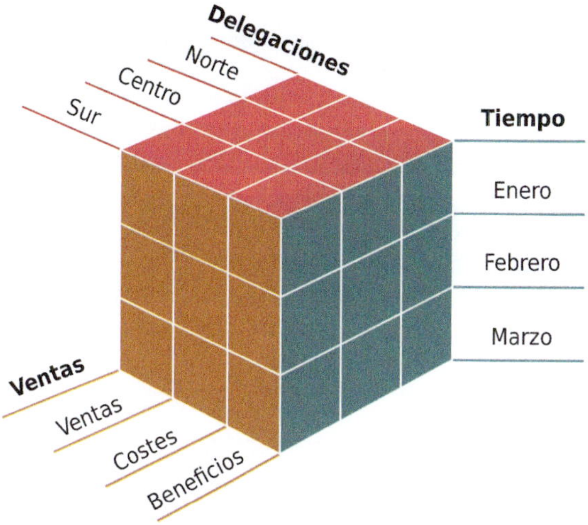

Las herramientas OLAP más importantes actualmente en el mercado son:

- Microsoft Analysis Services
- IBM Cognos TM1
- Oracle Essbase
- SAP BW
- MicroStrategy
- Google BigQuery
- Amazon Redshift

Tipos de herramientas OLAP

Existen varios tipos de herramientas OLAP, que se explican a continuación. Las diferencias fundamentales radican básicamente en la forma de acceder a los datos.

ROLAP o *Relational* OLAP
- Este tipo de herramientas acceden directamente a las bases de datos relacionales (RDBMS) mediante un modelo en estrella. Su acceso es más lento que las demás, pero no tiene límite de tamaño.

Continúa en página siguiente >>

[93]

<< Viene de página anterior

MOLAP o *Mutidimensional* **OLAP**
- En este caso, el sistema accede a una base de datos que es multidimensional (MDDB), por lo que es más rápida, pero hay que modificar el cubo si se quiere cambiar de dimensión.

HOLAP o *Hybrid* **OLAP**
- Esta herramienta accede tanto a los datos a nivel relacional en la base de datos como a los datos multidimensionales.

DEFINICIÓN

Base de datos multidimensional
Se diferencia de una relacional en que los campos de las tablas pueden ser de dos tipos para así simular dimensiones, pero la arquitectura de tablas es la misma.

Para llegar a comprender mejor el funcionamiento de las herramientas OLAP, a continuación verás un **ejemplo** ilustrativo:

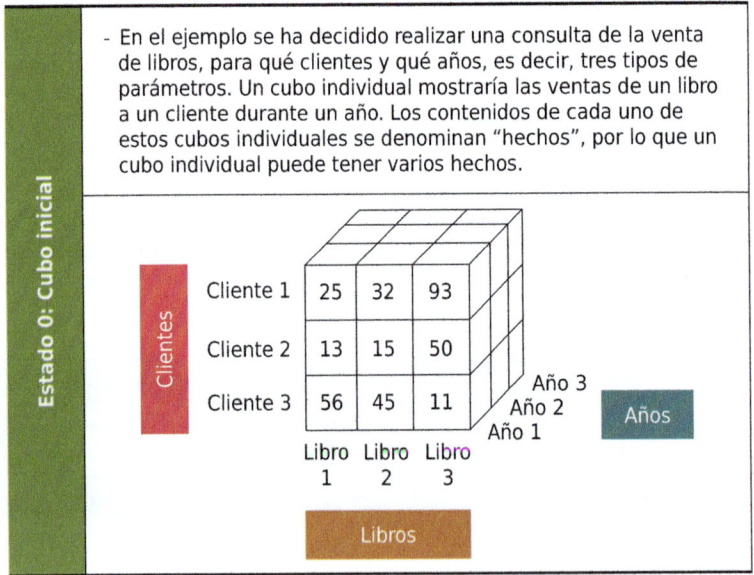

- En el ejemplo se ha decidido realizar una consulta de la venta de libros, para qué clientes y qué años, es decir, tres tipos de parámetros. Un cubo individual mostraría las ventas de un libro a un cliente durante un año. Los contenidos de cada uno de estos cubos individuales se denominan "hechos", por lo que un cubo individual puede tener varios hechos.

Estado 0: Cubo inicial

Clientes

	Libro 1	Libro 2	Libro 3
Cliente 1	25	32	93
Cliente 2	13	15	50
Cliente 3	56	45	11

Año 3
Año 2
Año 1

Años

Libros

Continúa en página siguiente >>

[94]

<< Viene de página anterior

Estado 1: Slicing

- Con esta herramienta puedes rotar (en inglés, *slicing*) los cubos, por lo que si deseas analizar las ventas por libros y no por clientes, solo tienes que girar el cubo y de esta forma cambiarán sus dimensiones:

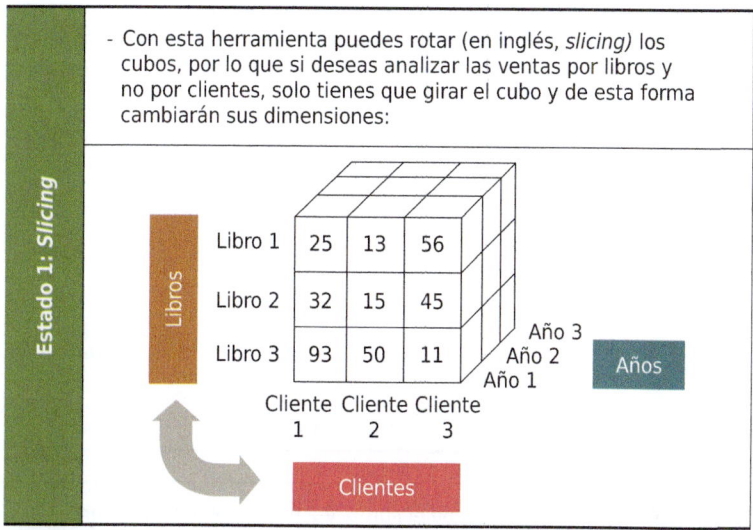

Estado 2: Dicing

- Además de rotar sus dimensiones, también puedes seleccionar (en inglés, dicing) ciertas celdas que te interesen. Por ejemplo, para saber qué cantidad de libros ha comprado el cliente 2 en el primer año:

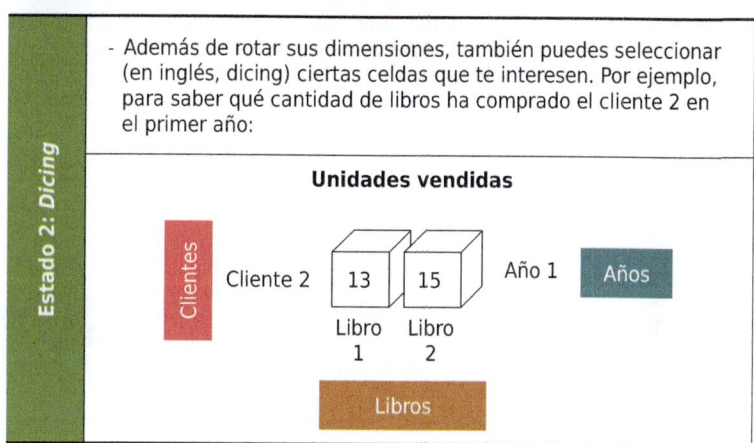

Continúa en página siguiente >>

<< Viene de página anterior

Estado 3: Roll-up

- También te podría interesar el total de libros de cada cliente en todos los años. A esto se le llama máximo nivel de agregación o *roll-up:*

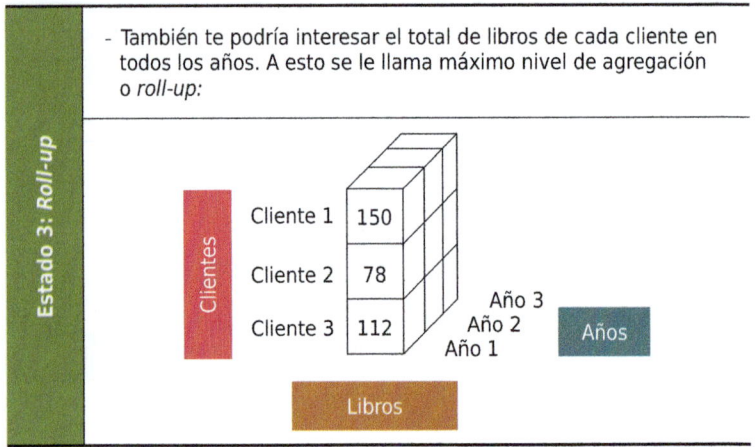

Estado 4: Drill-down

- Ahora imagina que el libro 1 y 2 tratan sobre una materia A y el libro 3 trata sobre una materia B. A partir del cubo anterior deseas saber cuántos libros han comprado los clientes todos los años y de qué materia. A esto se le llama bajar el nivel de detalle o *drill-down:*

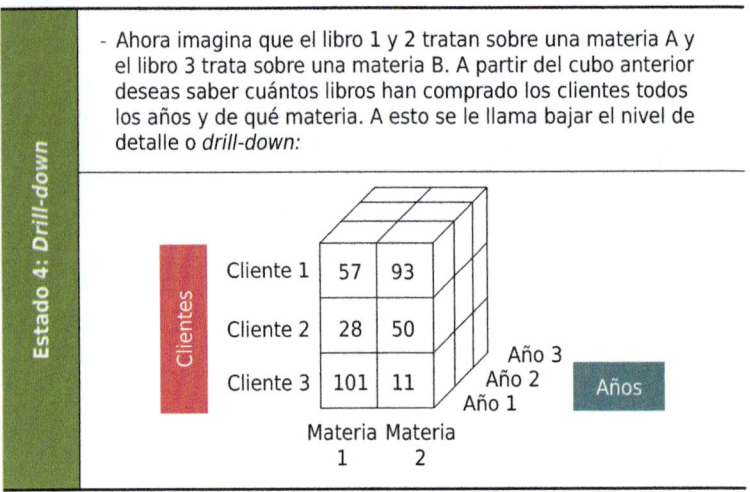

 ## APLICACIÓN PRÁCTICA

Supón que tienes el cubo OLAP del ejemplo anterior, el cual muestra las ventas por cliente de cada libro por años. Sabiendo que los libros 1 y 2 contienen la materia 1 y el libro 3 la materia 1, deseas sacar la siguiente información: las ventas totales de la materia A entre todos los clientes y en el año 1. Visualmente, esta consulta quedaría así:

Continúa en página siguiente >>

<< Viene de página anterior

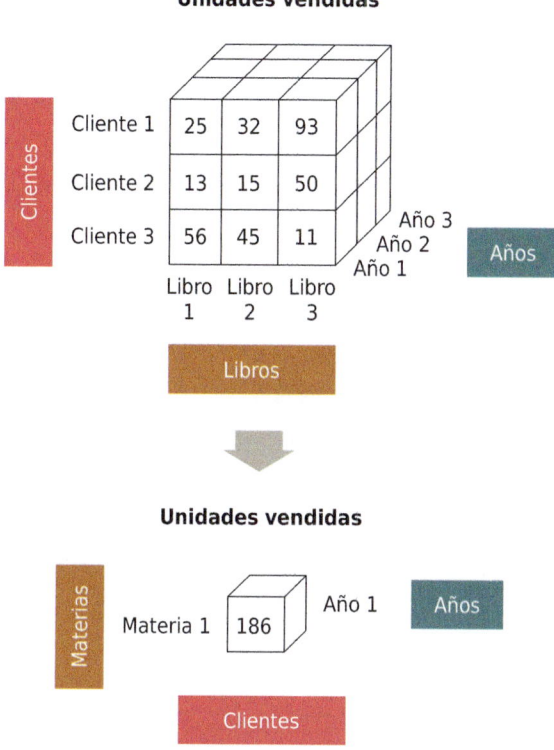

¿Qué métodos de modificación OLAP has llevado a cabo para obtener esta información?

Solución

El proceso sería el siguiente:

1. *Slicing* para rotar el cubo y listar los libros respecto a los clientes.
2. *Drill down* para bajar el nivel de detalle y ver los resultados según las materias 2 y 1.
3. *Roll-up* para subir el nivel de agregación y de esta manera saber los clientes totales que han comprado las diferentes materias.
4. *Dicing* para seleccionar la materia 1 y el año 1.

TAREA 4

Siguiendo con el organigrama de la sede central de TextilTek, S. L., puedes ver la estructura de las distintas áreas operativas, incluida de forma más detallada la de *business intelligence*.

Se te predirá desarrollar la siguiente información sobre la empresa:

Continúa en página siguiente >>

<< Viene de página anterior

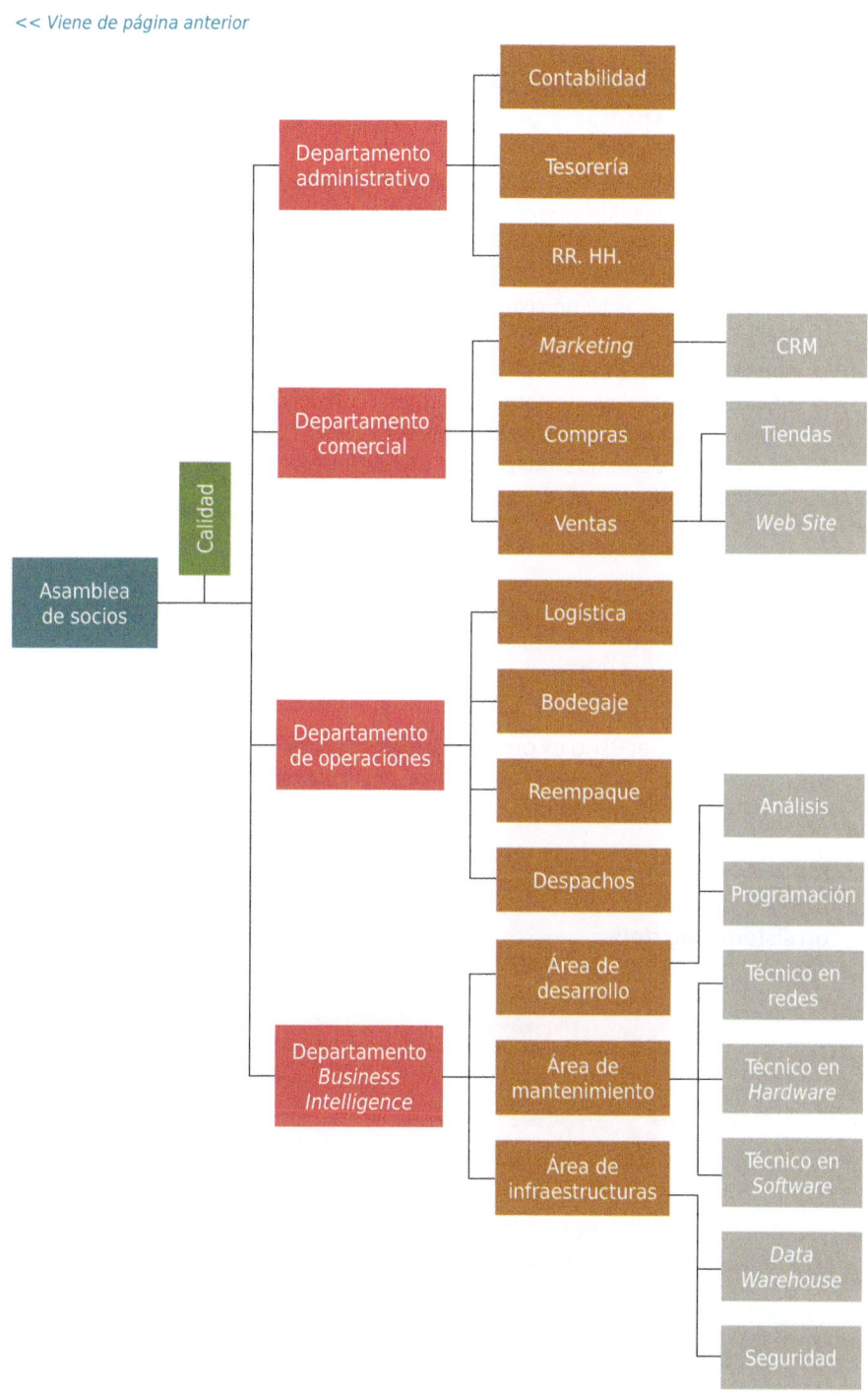

Continúa en página siguiente >>

<< Viene de página anterior

1. ¿Crees que el Departamento de *Business Intelligence* debería ser eliminado de la empresa para adoptar la tecnología *big data?* Explícalo razonadamente de forma breve.
2. ¿Qué elementos de este organigrama representan las diferentes formas de recoger información que tiene TextilTek? Además, deberás plantear cómo sería un área específica para ETL dentro del Departamento BI y cómo interactuaría con las demás.
3. ¿Cómo diseñarías tú un sistema *data warehouse* para esta empresa? ¿Qué tareas realizarían las diferentes áreas del Departamento BI y los demás departamentos en este *data warehouse* en cuanto a su gestión y uso?
4. Finalmente, explica de forma resumida cómo utilizarías las distintas herramientas de visualización de datos TextilTek. ¿Sabrías poner un ejemplo de un cubo OLAP que utilizaría el Departamento de Ventas para obtener información de ventas de zapatos?

5. Resumen

La razón de ser del BI no es otra que la de proporcionar la información necesaria mediante un análisis de datos a las organizaciones para la mejora de la competitividad mediante una mejor toma de decisiones.

Si bien la tecnología del BI en sí misma no permite realizar predicciones mediante el análisis de datos, **este no es excluyente a la hora de implementar un sistema *big data*.**

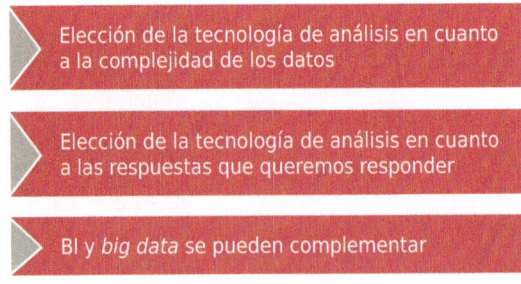

Elección de la tecnología de análisis en cuanto a la complejidad de los datos

Elección de la tecnología de análisis en cuanto a las respuestas que queremos responder

BI y *big data* se pueden complementar

En los proyectos de BI es necesario **definir tanto los objetivos como el alcance de las soluciones** que se quieren implementar. Los elementos principales que forman la estructura del BI son los siguientes:

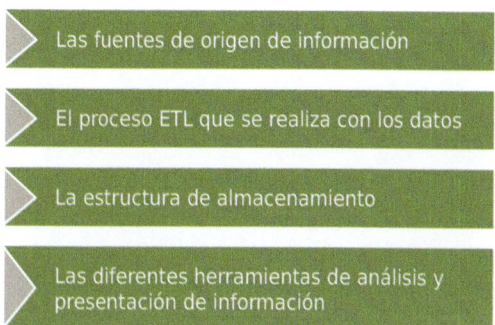

Las fuentes de origen de información

El proceso ETL que se realiza con los datos

La estructura de almacenamiento

Las diferentes herramientas de análisis y presentación de información

Una vez obtenida la información que se desea, es hora de estudiar los resultados. Para ello, será necesario contar con herramientas que permitan mostrar estos resultados de forma amigable y comprensible.

Uno de los objetivos básico del BI es la de **crear una estrategia adecuada de *reporting* de información** y esto es posible gracias a un conjunto de herramientas a disposición del usuario:

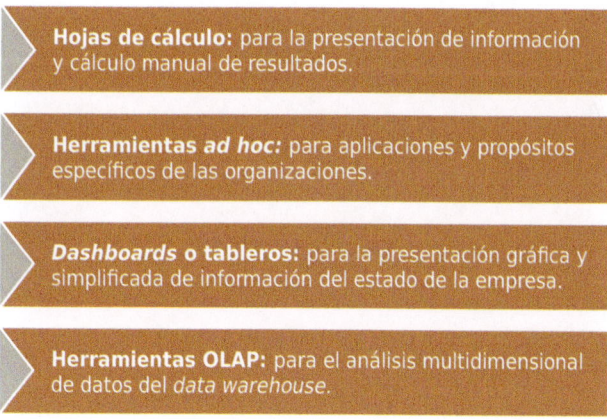

Hojas de cálculo: para la presentación de información y cálculo manual de resultados.

Herramientas *ad hoc:* para aplicaciones y propósitos específicos de las organizaciones.

***Dashboards* o tableros:** para la presentación gráfica y simplificada de información del estado de la empresa.

Herramientas OLAP: para el análisis multidimensional de datos del *data warehouse.*

Ejercicios de autoevaluación
Unidad de Aprendizaje 3

1. **Selecciona "A" si los procedimientos que se muestran a continuación pertenecen al *business intelligence* y "B" si pertenecen al *big data*.**

    1. (A/B) Modelado predictivo.
    2. (A/B) Informes ad hoc.
    3. (A/B) Informes estándar.
    4. (A/B) Monitorización de datos.

2. **¿Cuál de las siguientes fuentes de información no forma parte del *business intelligence*?**

    a. Sistemas operacionales
    b. Fuentes externas
    c. *Data mining*
    d. Sistemas departamentales

3. **Indica si las siguientes afirmaciones son verdaderas o falsas.**

    a. El proceso ETL comprende la extracción, transformación y análisis de los datos.

    ■ Verdadero
    ■ Falso

    b. Durante el proceso de extracción, el proceso guarda los datos en el *data staging* antes de guardarlos en el *data warehouse*.

    ■ Verdadero
    ■ Falso

    c. En el proceso de integración se procede al volcado de datos en el *data warehouse* y se comprueba que estos coincidan con los valores reales.

    ■ Verdadero
    ■ Falso

d. En el proceso de limpieza de datos debe haber intervención humana para seleccionar los datos correctos.

- ■ Verdadero
- ■ Falso

4. ¿Qué elemento de los siguientes no pertenece al *data warehouse*?

a. *Data mart*
b. *Meta data*
c. *Data staging*
d. *Data storing*

5. Indica si las siguientes afirmaciones sobre las herramientas *ad hoc* son verdaderas o falsas.

a. Estas herramientas se basan en la tecnología del internet de las cosas.

- ■ Verdadero
- ■ Falso

b. Estas herramientas están diseñadas para fines concretos y no son replicables.

- ■ Verdadero
- ■ Falso

c. Para generar informes es necesario estar dentro del entorno de la empresa.

- ■ Verdadero
- ■ Falso

d. Las herramientas *ad hoc* solo son manejadas por el personal técnico de la empresa.

- ■ Verdadero
- ■ Falso

6. **Indica qué tipo de *dashboard* es el indicado para las operaciones de monitorización.**

   a. Cuadro de mando operativo.
   b. Cuadro de mando estratégico.
   c. Cuadro de mando táctico.
   d. Todas las opciones son correctas.

7. **Indica si las siguientes afirmaciones sobre el cuadro de mando son verdaderas o falsas.**

   a. El cuadro de mando operativo necesita actualizaciones diariamente.

      ■ Verdadero
      ■ Falso

   b. Los cuadros de mando son herramientas para monitorizar y representar información relativa a la empresa.

      ■ Verdadero
      ■ Falso

   c. Los cuadros de mando solo cuentan con elementos de analítica tradicional.

      ■ Verdadero
      ■ Falso

   d. El cuadro de mando táctico monitoriza los procesos en tiempo real.

      ■ Verdadero
      ■ Falso

8. **Señala cuál de las siguientes opciones no se considera una transformación de un cubo OLAP.**

   a. *Slicing*
   b. *Drill-up*
   c. *Drill-down*
   d. *Roll-up*

9. Indica cuál de los siguientes no es un tipo de herramienta OLAP.

    a. ROLAP (*Relational* OLAP).
    b. ROLAP (*Reciprocal* OLAP).
    c. MOLAP (*Multidimensional* OLAP).
    d. HOLAP (*Hybrid* OLAP).

10. Determina cuáles de las siguientes afirmaciones son verdaderas y cuáles son falsas.

    a. La tecnología *big data* es incompatible con el *business intelligence.*

       ■ Verdadero
       ■ Falso

    b. En el *business intelligence* existen herramientas de análisis de datos.

       ■ Verdadero
       ■ Falso

    c. Las analísticas tradicional y avanzada pueden ser procedimientos compatibles.

       ■ Verdadero
       ■ Falso

    d. Los *data warehouses* solo pueden ser bases de datos relacionales.

       ■ Verdadero
       ■ Falso

Representación de los datos

Contenido

1. Introducción
2. Orígenes de datos en big data
3. Representación de datos
4. Resumen

Objetivos

El objetivo general de esta Unidad de Aprendizaje es:

→ Aprender con qué datos se trabaja en *big data* y cómo se representan estos en función de la situación, el *big data,* los seres humanos y desde el punto de vista de las máquinas que los utilizan.

Los objetivos específicos de esta Unidad de Aprendizaje son:

→ Entender la diferencia entre los distintos tipos de datos que utiliza el *big data.*

→ Saber de forma general los datos más utilizados en esta tecnología.

→ Aprender las distintas formas de representar la información para su comprensión por las personas.

→ Ser capaz de diferenciar variables cuantitativas y cualitativas.

→ Aprender cómo se representan los datos de forma digital.

1. Introducción

Cualquier empresa que se basa en el **valor de los datos** para impulsar su desarrollo y competitividad necesita tres pilares fundamentales para poder sacar el máximo partido a los datos: **implantar una cultura empresarial adecuada, gestionar debidamente los datos y tener las soluciones tecnológicas adecuadas.**

De esto se deriva la necesidad por parte de las empresas de tener un buen equipo analítico y una formación adecuada por parte de toda la plantilla de empleados; de esta forma, se les dará un uso óptimo a las herramientas de análisis y de representación de los datos.

Ya en la unidad anterior aprendiste algunos conceptos sobre la analítica tradicional referida al BI y el *big data,* por lo que en esta verás las diferentes formas que existen de representar los datos y los tipos de datos en cuestión.

En este módulo seguirás con el caso de TextilTek S. L., ya se ahondó bastante en la unidad anterior sobre las soluciones con las que esta empresa cuenta para el análisis de datos y su visualización, con elementos como el *dashboard* o las hojas de cálculo. Pero también es fundamental conseguir una presentación de los datos, de tal manera que sea comprensible por todas las partes implicadas de la empresa. En esta unidad te adentrarás precisamente en cómo Textiltek representa los datos en sus diferentes soluciones de visualización.

2. Orígenes de datos en *big data*

 HILO CONDUCTOR

Al igual que otras empresas, TextilTek es consciente de que analizar solamente información estructurada es trabajar al 30 % o 40 % de las posibilidades de los sistemas analíticos actuales, cuando la verdadera utilidad del *big data* radica en su capacidad para dar respuestas a situaciones desconocidas gracias al análisis y predicción con todo tipo de datos.

El *big data* pretende dar respuesta a través de la ingente cantidad de datos disponibles a tu alrededor; de esta manera podrá procesar, analizar y almacenar los datos, creando valor y conocimiento para las empresas.

Como ya hemos estudiando en el tema anterior, la analítica tradicional trabaja con datos que han sido almacenados de forma estructurada en bases de datos.

El reto actual es precisamente **ser capaces de guardar de manera similar otros tipos de datos que no son estructurados,** tales como archivos de redes sociales, emails, videos y todo tipo de datos que generamos que son muy importantes desde el punto de vista informativo y que no cuentan con claves relacionales para ser almacenados en tablas.

Los datos, se pueden dividir y representar en **cinco tipos básicos,** los cuales englobarán absolutamente a todos los datos existentes.

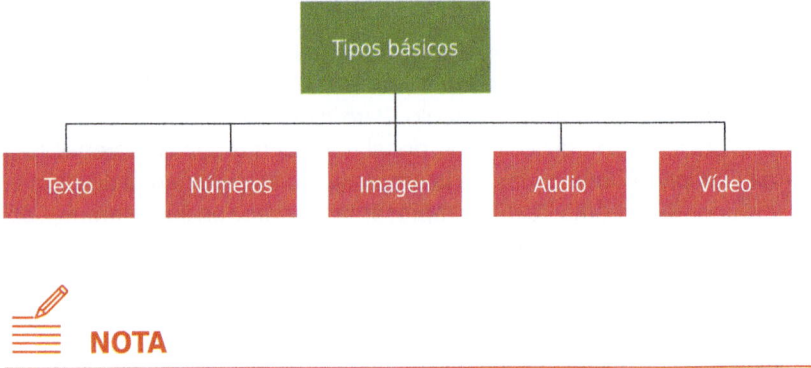

NOTA

Una base de datos SAS es una base de datos relacional normal que, en la que opera el lenguaje SAS desarrollado por la empresa SAS Institute.

2.1. Datos estructurados

Las tecnologías anteriores a *big data* se basaban en el uso prácticamente exclusivo de datos estructurados para su análisis. **Esta información es la que normalmente se guarda en las bases de datos, elementos ordenados en filas y columnas** con un título identificativo.

Una de las ventajas de estos datos es que son más fáciles de analizar y con mayor eficiencia, ya que tanto su estructura como las relaciones hacen que se puedan procesar rápidamente y establecer patrones con ellos.

Por otra parte, están limitados de cierta manera, ya que en su origen deben crearse de forma estructurada y con las relaciones establecidas, tanto a vista de computadora como del ser humano. Además, los datos que se encuentran fuera de las organizaciones que pertenecen al público normalmente son no estructurados, y hay mayor cantidad de ellos y con información más útil.

Pero al hablar de representación de datos, es necesario saber cómo se presentan estos fuera de las organizaciones, que es donde realmente trabaja el *big data.* Como puntos de origen de estos datos se pueden citar los siguientes:

Creado
- Las empresas se encargan de generar datos estructurados a partir de sus clientes mediante encuestas de preguntas cerradas o la investigación de mercados. En este proceso también se encuentran métodos como el de programas de fidelización o el registro de clientes en una página web.

Provocado
- Estos datos se recogen mediante preguntas de valoración sobre un producto o expresando una opinión negativa o positiva.

Tramitado
- Es la información recopilada sobre las compras de los usuarios en tiendas e internet o transacciones comerciales.

Compilado
- Son los datos relativos a una población, como los censos o los vehículos matriculados que se van recopilando y almacenando sucesivamente.

Continúa en página siguiente >>

<< Viene de página anterior

> **Experimental**
> - Los datos experimentales son generados mediante pruebas o iniciativas que llevan a cabo las empresas como campañas para productos o directamente mediante investigaciones a través de un método científico.

2.2. Datos no estructurados y semiestructurados

☞ HILO CONDUCTOR

La implementación del *big data* por parte de TextilTek, S. L. persigue precisamente explotar este tipo de datos y paliar las carencias de su tradicional sistema de BI.

Es en este punto donde radica la utilidad y potencia del *big data,* en el uso de datos no estructurados para **adquirir conocimiento** mediante *machine learning* o *data mining.*

Los datos de este tipo **no presentan una estructura interna identificable.** Están formados por un conjunto de **caracteres** que se encontrarán desorganizados **y sin valor hasta que sean guardados y dotados de formato.** Son archivos no estructurados los archivos de texto, las imágenes o los vídeos.

En el contexto de datos no estructurados, el Procesamiento del Lenguaje Natural (NLP, por sus siglas en inglés) es una rama de la inteligencia artificial que se ocupa de la interacción entre la computación y el lenguaje humano, a través de textos. El NLP se utiliza para analizar, comprender y generar texto en lenguaje humano, que puede incluir documentos, correos electrónicos, transcripciones de voz, publicaciones en redes sociales, entre otros. Las técnicas de NLP permiten a las computadoras interpretar el significado y la intención detrás del texto, lo que facilita la extracción de información útil, la clasificación de documentos, la traducción automática, el resumen de textos y otras tareas relacionadas con el procesamiento de textos.

Datos semiestructurados

Por último, existen datos que no se encuentran en las bases de datos relacionales **que tienen cierta organización en su estructura interna. Estos se pueden almacenar mediante ciertas reglas** como los datos estructurados, pero con su análisis y tratamiento resulta más complejo.

Se consideran datos semiestructurados los **documentos XML** y los **archivos Excel,** los cuales tienen sus propias bases de datos llamadas comúnmente **NoSQL.**

 PARA SABER MÁS

Si deseas informarte de lo que es un archivo XML, puedes visitar la web de:

https://redirectoronline.com/ifct128po0401

3. Representación de datos

 HILO CONDUCTOR

La forma de representar los datos es importante para la dirección y la plantilla de TextilTek, ya que debido a la diversidad de áreas con las que cuenta la empresa y sus sucursales es esencial tener un sistema universal de representación de datos para que sea comprensible simultáneamente por integrantes de distintas especialidades.

En el ámbito del análisis de datos, es fundamental comprender los diferentes tipos de datos que se pueden encontrar. A continuación, clasificaremos las diferentes formas de representar los datos, distinguiendo entre datos cualitativos y cuantitativos.

Los datos cualitativos y cuantitativos son una clasificación de los datos según su naturaleza y forma de representación, mientras que la distinción entre datos estructurados y no estructurados, como estudiamos anteriormente, se refiere a cómo están organizados y almacenados.

Las variables cualitativas describen características o cualidades que no pueden medirse numéricamente. Se dividen en dicotómicas, politómicas, según sus propiedades y la relación entre sus categorías.

- **Dicotómicas:** variables con solo dos categorías posibles. Por ejemplo, "sí/no", "verdadero/falso", "hombre/mujer".
- **Politómicas:** variables con más de dos categorías, pero sin un orden específico entre ellas. Por ejemplo, "tipo de sangre" (A, B, AB, O), "color de ojos" (azul, verde, marrón).

  - **Ordinales:** variables con categorías que tienen un orden natural. Por ejemplo, "nivel educativo" (primaria, secundaria, universidad) o "nivel de satisfacción" (muy insatisfecho, insatisfecho, neutral, satisfecho, muy satisfecho).
  - **Nominales:** variables con categorías que no tienen un orden natural. Por ejemplo, "estado civil" (soltero, casado, divorciado, viudo), "tipo de vehículo" (sedán, SUV, camioneta).

Las variables cuantitativas representan cantidades numéricas que se pueden medir o contar. Se dividen en variables discretas y continuas, según la naturaleza de los valores que pueden tomar.

- **Discretas:** variables que toman valores enteros y se pueden contar. Por ejemplo, "número de hijos", "cantidad de productos vendidos".
- **Continuas:** variables que pueden tomar cualquier valor dentro de un rango específico y se pueden medir con precisión. Por ejemplo, "edad", "ingresos mensuales", "temperatura".

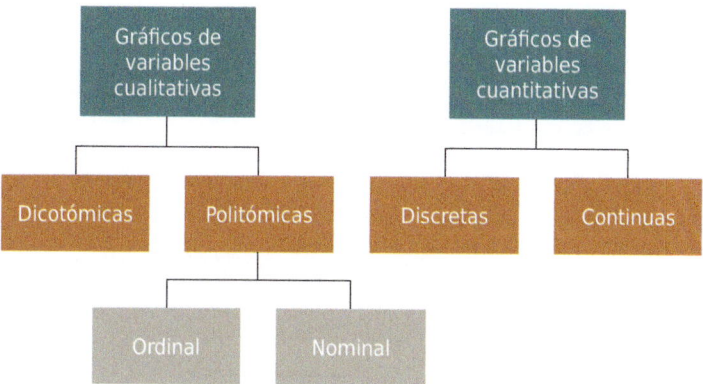

Una vez vistos los tipos de datos que existen en el mundo de las nuevas tecnologías, así como la forma en que se presentan a ojos del *big data*, **es turno de hablar sobre cómo los seres humanos representamos los datos** para nuestra propia comprensión.

Es importante diferenciar una visión de otra. Para el *big data* solo existen elementos como ficheros y tablas que representan *bytes* de información, que puede ser estructurada o no estructurada, así como datos procedentes de distintos lugares.

Para los seres humanos estos datos necesitan tener **un sentido distinto, una finalidad** en la que se comprenda el significado de lo que se representa, ya que no es lo mismo una presentación de imágenes con texto que un archivo PDF o un *dashboard*.

3.1. Infografías

Son montajes explicativos que contienen tanto imágenes como cuadros de texto sobre un estudio determinado. Estas creaciones se utilizan para **resumir o explicar de forma breve ciertos temas,** ayudándose de imágenes, o mostrar esquemas de rutas o diagramas de datos para situar elementos gráficos.

Actualmente, este tipo de representaciones han evolucionado en gran medida y **puedes encontrarlas en forma interactiva y en tiempo real,** para mostrar rutas de metro o líneas de autobús en las ciudades e, incluso, poder interactuar con las mismas.

Infografía de la red de metro de Málaga (© Fotografía: Mao06 Vía Web - CC BY-SA 3.0)

3.2. Cuadros comparativos

Los cuadros comparativos son gráficos que **muestran las relaciones exis-**
tentes entre diferentes datos y plasman una serie de semanas y dife-
rencias entre los temas que se tratan en ellos. Los elementos a comparar
normalmente se posicionan en columnas, mientras que en las filas se encuentran los datos de su estudio.

Una de las utilidades de estos gráficos radica en la posibilidad de comparar
diferentes soluciones adoptadas en organizaciones. Por ejemplo, entre departamentos o comparar diferentes productos.

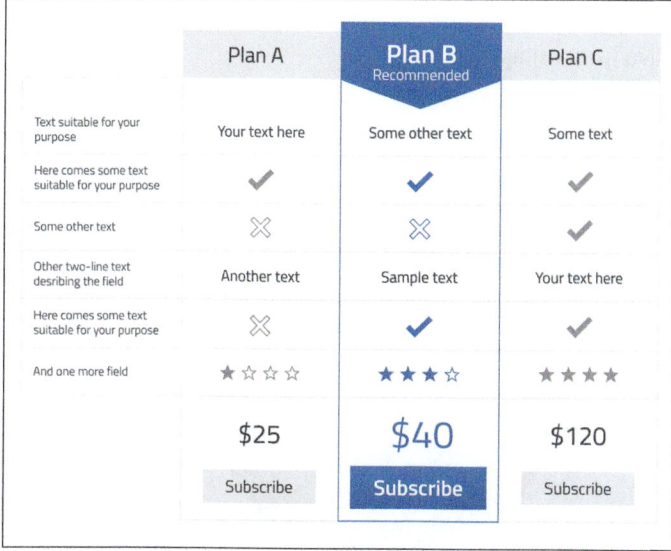

Cuadro comparativo entre paquetes de productos

3.3. Representación de datos cualitativos

👉 HILO CONDUCTOR

La información cualitativa es importante para cualquier empresa, ya que aporta datos significativos sobre muestras de población y de menor índole técnica que los datos cuantitativos. Por ello, TextilTek utiliza de forma recurrente soluciones como graficas de barras y de sectores para representar ventas y rendimientos.

Cabe destacar que para representar información cualitativa, **esta debe disponer de algún tipo de orden** o poder agruparse en elementos diferenciados.

Además, estos tipos de gráficos también pueden ser utilizados para variables cuantitativas, aunque su uso sería más abstracto y poco significativo:

- ➲ **Diagrama de sectores:** el gráfico se compone de un círculo dividido en tantas porciones como sujetos de una población existan. El área de estas porciones será proporcional a su frecuencia absoluta o frecuencia relativa (porcentajes).

Diagrama de sectores que muestra el gasto de un hogar en el mes de enero

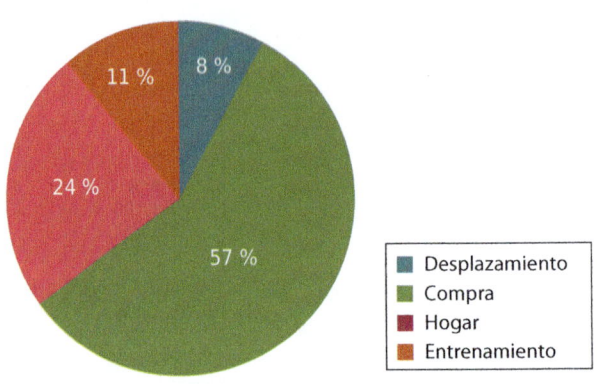

- Desplazamiento
- Compra
- Hogar
- Entrenamiento

➲ **Diagrama de barras:** el diagrama de barras está formado por dos ejes: uno de ordenadas (eje vertical que muestra los valores o frecuencias de las variables) y otro de abscisas (eje horizontal que muestra las distintas clases de variables cualitativas existentes).

Un diagrama de barras compuestas se utiliza para representar información de una tabla con doble entrada, es decir, dos variables. La altura de las barras representa la frecuencia de una variable, y cada una de estas variables está dividida en tantos segmentos como categorías tenga la otra variable.

Diagrama de barras que muestra el gasto mensual de los hogares (compra, desplazamiento, entretenimiento y hogar)

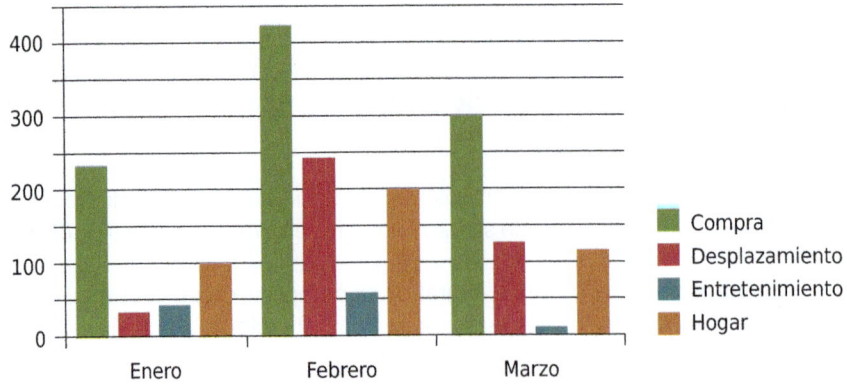

- Compra
- Desplazamiento
- Entretenimiento
- Hogar

⊃ **Pictograma:** es semejante a los diagramas de barras, pero utiliza imágenes alusivas al tema que se trata. Cada una de estas imágenes tendrá un tamaño o área proporcional a la frecuencia de la modalidad representada.

Pictograma que muestra el gasto de transporte en enero de cada hogar

⊃ **Diagrama de árbol:** este diagrama se utiliza para desglosar una variable cualitativa en subcategorías jerárquicas. Cada nodo del árbol representa una categoría, y los nodos secundarios muestran las subcategorías dentro de cada categoría principal.

Diagrama de árbol

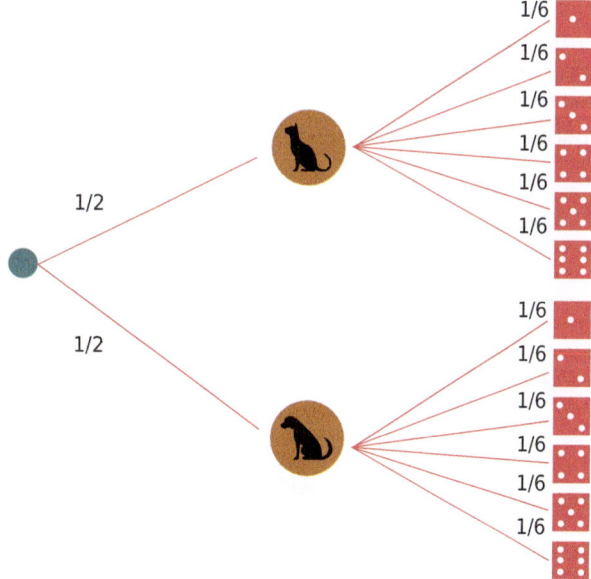

3.4. Representación de datos cuantitativos

Las variables **cuantitativas pueden presentarse en frecuencias absolutas o relativas** y en frecuencias acumuladas. Existen **dos tipos de gráficos** para representar estas dos modalidades:

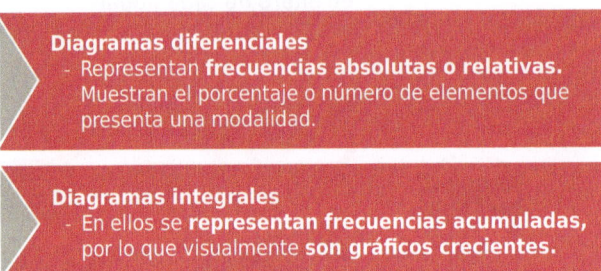

Diagramas diferenciales
- Representan **frecuencias absolutas o relativas.** Muestran el porcentaje o número de elementos que presenta una modalidad.

Diagramas integrales
- En ellos se **representan frecuencias acumuladas,** por lo que visualmente **son gráficos crecientes.**

Además de representar frecuencias absolutas o acumuladas, existen distintos tipos de gráficas según el tipo de variable cuantitativa:

⊃ **Histograma:** es la representación de una variable continua mediante barras, donde la superficie de cada una es proporcional a la frecuencia de los valores que representa. Cada barra del histograma representa un intervalo de valores, y la altura de la barra indica cuántos datos se encuentran en ese intervalo. Los histogramas son útiles para visualizar la forma y la dispersión de una distribución de datos, así como para identificar patrones y tendencias en los datos numéricos.

Los histogramas, además, pueden representar **frecuencias relativas y absolutas,** por lo que pueden ser integrales y diferenciales.

Histograma que representa las horas de vida de una muestra de 500 bombillas

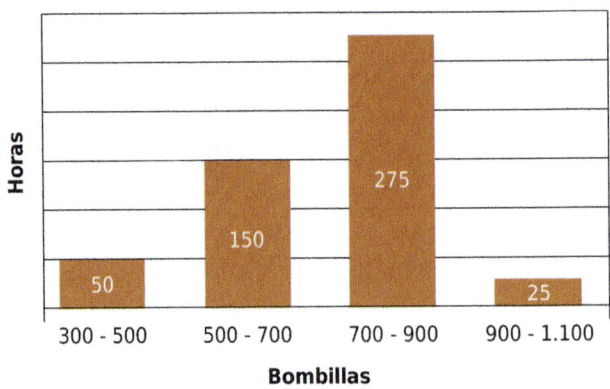

➲ **Polígono de frecuencias:** el polígono de frecuencias es un gráfico de líneas que representa la frecuencia de los valores de una distribución. Estos polígonos son el resultado de la unión mediante segmentos de los puntos de mayor altura de los histogramas, **por lo que también representan variables continuas tanto en frecuencias relativas como absolutas.**

Polígono de frecuencias que representa las horas de vida de una muestra de 500 bombillas

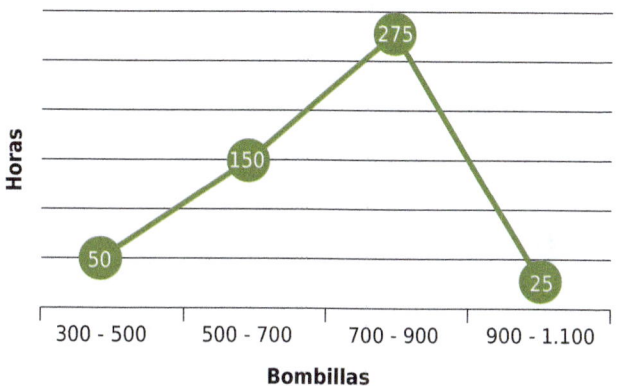

➲ **Gráfico de barras:** el gráfico de barras también es de aplicación en variables cuantitativas, **pero en este caso variables discretas tanto integrales como diferenciales.**

Gráfica que representa los minutos transcurridos en la evolución de temperatura de agua

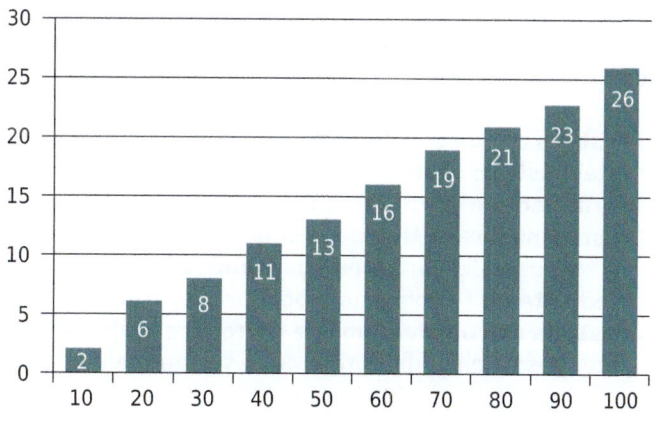

◉ **Diagramas de dispersión:** es una gráfica en la que se representan en pareja los valores de dos variables cuantitativas; de esta forma, se podrá estudiar la relación entre dos variables, que puede ser lineal o de otro tipo, o bien, no existir relación alguna.

Gráfica de dispersión que representa los minutos transcurridos en la evolución de temperatura del agua

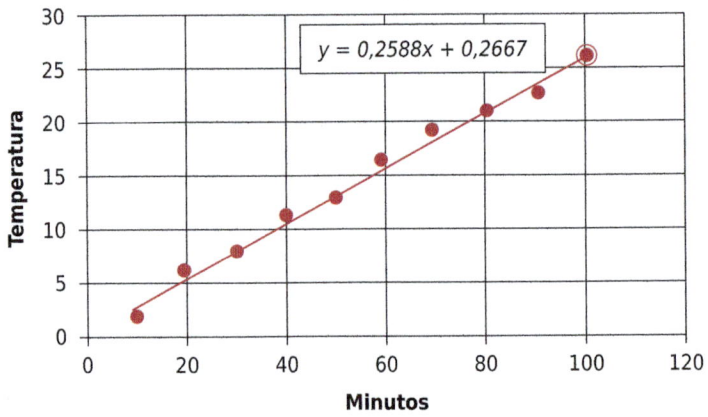

$y = 0{,}2588x + 0{,}2667$

![Gráfica de dispersión, eje Y: Temperatura (0 a 30), eje X: Minutos (0 a 120)]

 **APLICACIÓN PRÁCTICA**

Deseas representar gráficamente el dinero que te supone desplazarte con el vehículo todos los meses. Durante un mes realizas tres tipos de viaje: al trabajo, a realizar compras y a visitar a los familiares.

¿Con qué tipo de gráfica o gráficas podrías representar esta información?

a. **Bastaría con un gráfico de barras simple si quieres saber el dinero total gastado cada mes.**

b. **Sería necesario utilizar un gráfico de barras compuesto, para representar cada tipo de desplazamiento agrupado por meses.**

c. **Al tratarse de variables cuantitativas, se puede representar mediante un histograma o polígono de frecuencias.**

d. **Bastaría con un diagrama de sectores si quieres saber el dinero total gastado según el tipo de desplazamiento.**

Continúa en página siguiente >>

<< Viene de página anterior

Solución

En este caso existen dos variables. La altura de las barras representa la frecuencia de una variable (dinero gastado). Cada una de estas variables está dividida en tantos segmentos como categorías tenga la otra variable (tipos de desplazamiento agrupados por meses, o meses agrupando cada tipo de desplazamiento).

La opción con representación más completa sería la B, pero las respuestas A, C y D también son opciones válidas. Al tener una variable cuantitativa se puede agrupar para eliminar una dimensión (sumando el coste por mes, o coste por tipo de desplazamiento). Trabajar con datos significa pensar la mejor y más conveniente forma de representarlos según la información que necesitemos.

3.5. Modelado de datos en las bases de datos

☞ HILO CONDUCTOR

El sistema de almacenamiento de TextilTek está implementado de forma multidimensional para su uso mediante tecnología OLAP, además de tener una mejor adaptación y versatilidad para la nueva tecnología *big data*.

Ya has visto las formas de representar los datos externos a ojos del *big data* y las distintas representaciones que puedes realizar con la información para que los seres humanos la entiendan.

Un lugar importante para buscar información son las bases de datos existentes, por lo que en este punto **leerás sobre el modelado de datos en estas bases de datos y cómo están representados estos en ellas.**

Durante el análisis de los datos mediante las herramientas ETL se produce el modelado de datos. Este modelado **transforma los datos que se van a guardar en una representación útil para las herramientas de análisis.** En este proceso de modelado influye el propio modelo de los datos. No todas las bases de datos siguen el mismo **lenguaje de programación,** pero en todos los casos deberán existir unas relaciones implementadas, de forma que la estructura de la información sea comprensible para su acceso.

A continuación, verás los diferentes modelos de datos más usados. Su estructura o representación determinará la forma de almacenado, organización y manipulación de estos.

Jerárquico

En este modelo, los datos están representados en forma de árbol invertido, por lo que cada registro solo tiene un padre, pero un padre puede tener varios registros que dependan de él. Este modelo no es eficiente, ya que los registros no contienen el camino completo y no se puede comprobar debidamente la redundancia de datos. Normalmente se usan para la estructura de los documentos XML.

Base de datos jerárquica

Relacional

Este modelo está formado por tablas o relaciones, donde las columnas se llaman atributos y su contenido, dominios.

Si un atributo tiene un mismo valor en dos tablas distintas, existirá relación entre ellas. Además, estos atributos se pueden designar como clave para identificar cada fila de la tabla y relacionarlas entre sí.

En red

Es una extensión del modelo relacional, pero en este caso los registros pueden tener más de un padre.

En estrella

En este modelo, existe una tabla de hechos o *tabla fact,* que contiene los datos de análisis o claves primarias y a su alrededor existen tablas de dimensiones que contienen una de las claves primarias de la *tabla fact* y datos para definir las características de otras tablas. Por ejemplo, de productos o una población.

Orientado a objetos

La información de estas bases de datos no se presenta como datos simples, sino como bloques de código como los usados en la programación orientada a objetos sobre los que se definen las operaciones que se pueden realzar sobre ellos.

Multidimensional

Son bases de datos para uso OLAP. Se ven como un cubo de información, donde la dimensión del cubo se corresponde con la dimensión de la tabla y cada dato almacenado corresponde a la métrica o tercera dimensión.

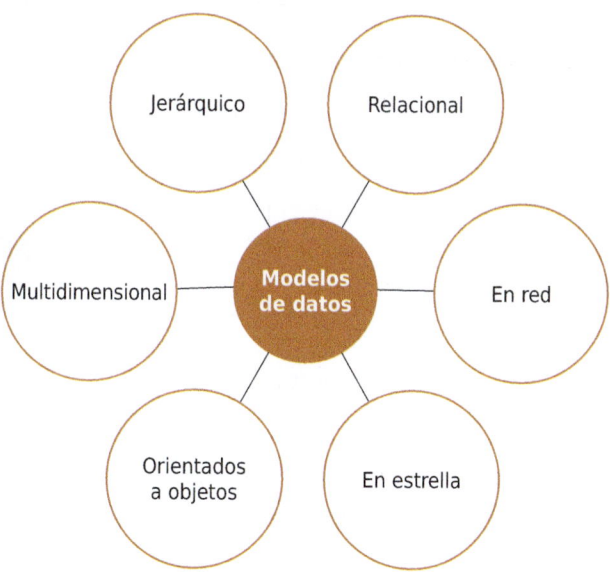

TAREA 5

Para este supuesto práctico se ha tomado como ejemplo un cuadro de mando diseñado por el equipo de Tomás García, jefe de la división de estrategia de la empresa de REE (Red Eléctrica Española), en el que se representa información sobre consumo de energía eléctrica en tiempo real, generación según fuentes, la previsión del tiempo para realizar trabajos y las últimas noticias de REE en las redes sociales.

Describe qué tipos de datos muestra el cuadro de mando en cuando a su estructura y si coinciden con alguno de los datos más utilizadas por el *big data*.

Además, describe qué tipos de gráficos se muestran en este cuadro y si se trata de variables cualitativas o cuantitativas.

Finalmente, explica de forma breve y razonadamente qué base de datos es la más indicada para almacenar los datos de la gráfica de "Seguimiento de la demanda de energía eléctrica".

4. Resumen

Hasta hace unos años solo se analizaban los datos que había almacenados de forma estructurada en bases de datos. El reto actual es ser capaces de guardar de manera similar otros tipos de datos. Los datos pueden ser de varios tipos:

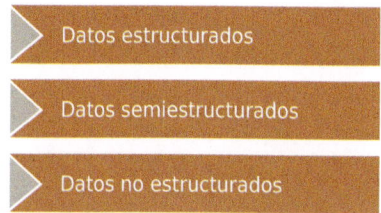

Datos estructurados

Datos semiestructurados

Datos no estructurados

Es necesario diferenciar entre dos grupos de gráficos de datos según sus variables:

➲ Datos cualitativos

　ひ Dicotómicos
　ひ Politómicos

　　　⇕ Ordinal
　　　⇕ Nominal

➲ Datos cuantitativos

　ひ Discretos
　ひ Continuos

Para el *big data* solo existen elementos ficheros y tablas que representan *bytes* de información. Esta puede ser estructurada o no estructurada. Para los seres humanos estos datos necesitan tener un sentido distinto, una finalidad en la que se comprenda el significado de lo que se representa. Algunas de las representaciones de datos más comunes son las siguientes:

Infografías

Cuadros comparativos

Continúa en página siguiente >>

<< Viene de página anterior

> Representación mediante gráficas

> Modelado de datos en las bases de datos

> Representación de datos digital

Ejercicios de autoevaluación
Unidad de Aprendizaje 4

1. **Selecciona "A" si los siguientes métodos de recogida de datos pertenecen a datos estructurados y "B" si pertenecen a datos no estructurados.**

    1. (A/B) Generados por los usuarios.
    2. (A/B) Creados.
    3. (A/B) Experimentación.
    4. (A/B) Compilados.

2. **¿Cuál de las afirmaciones que se presentan a continuación es correcta?**

    a. Los datos semiestructurados no se pueden almacenar en bases de datos.
    b. Los archivos PDF son datos semiestructurados.
    c. Los datos no estructurados son más fáciles de analizar.
    d. Los datos estructurados son más fáciles de analizar.

3. **Indica si las siguientes afirmaciones son verdaderas o falsas.**

    a. Los datos RFID son de tipo estructurado.

        ■ Verdadero
        ■ Falso

    b. Los datos de las redes sociales son de poca utilidad, ya que están fuera del ámbito de *big data*.

        ■ Verdadero
        ■ Falso

    c. Las ciudades inteligentes son uno de los principales productos surgidos de *big data*.

        ■ Verdadero
        ■ Falso

    d. Los datos gubernamentales siempre son de acceso prohibido para el *big data.*

- ■ Verdadero
- ■ Falso

4. ¿Cuál de los siguientes métodos de representación de datos no está orientado a seres humanos?

    a. Sistema binario
    b. Sistema decimal
    c. Mapas
    d. Infografías

5. Indica si las siguientes afirmaciones sobre los cuadros comparativos y las infografías son verdaderas o falsas.

    a. Los cuadros comparativos pueden contener imágenes.

- ■ Verdadero
- ■ Falso

    b. Las infografías representan información resumida y gráfica.

- ■ Verdadero
- ■ Falso

    c. Las infografías pueden mostrar información en tiempo real y *online.*

- ■ Verdadero
- ■ Falso

    d. Los cuadros comparativos son datos estructurados.

- ■ Verdadero
- ■ Falso

6. ¿Cuál de las siguientes variables son de carácter cuantitativo?

    a. Variables acumuladas
    b. Variables ordinales
    c. Variables discretas
    d. Variables dicotómicas

7. Indica si las siguientes afirmaciones sobre la representación gráfica de datos son verdaderas o falsas.

    a. Las gráficas de barras compuestas solo pueden representar variables cualitativas.

        ■ Verdadero
        ■ Falso

    b. Los pictogramas no pueden contener imágenes, ya que dificultan su comprensión.

        ■ Verdadero
        ■ Falso

    c. El polígono de frecuencias está orientado a variables cuantitativas.

        ■ Verdadero
        ■ Falso

    d. Los gráficos que representan variables cuantitativas integrales tienen forma de escalera.

        ■ Verdadero
        ■ Falso

8. ¿Cuál de las siguientes son variables cualitativas?

    a. Medidas de voltaje de una pila.
    b. Cantidad de ventas según el tipo de clientes (numerados).
    c. Compras de vehículos por países (por nombre).
    d. Ventas en función de compras.

9. Señala cuál de los siguientes no es un tipo de base de datos.

    a. En estrella
    b. NoSQL
    c. En red
    d. Semiestructurada

10. Indica cuál de las siguientes afirmaciones sobre la representación de datos digital son verdaderas y falsas.

    a. El código binario está formado por ceros y unos.

        ■ Verdadero
        ■ Falso

    b. Con el código binario no se pueden representar caracteres.

        ■ Verdadero
        ■ Falso

    c. La codificación binaria es de base 2.

        ■ Verdadero
        ■ Falso

    d. Un *byte* equivale a 1024 bits.

        ■ Verdadero
        ■ Falso

Introducción al *big data*

Contenido

1. Introducción
2. Definiendo el *big data*
3. Tecnología *big data*
4. Resumen

Objetivos

El objetivo general de esta Unidad de Aprendizaje es:

→ Ahondar en la definición de *big data* y conocer uno de los marcos de trabajo de aplicaciones más importantes en este terreno junto con sus características principales, que ayudarán a implementar un sistema *big data*.

Los objetivos específicos de esta Unidad de Aprendizaje son:

→ Aprender qué es *Apache Hadoop* y en qué consiste tu motor principal de procesamiento y su sistema de ficheros.

→ Familiarizarse con el nombre y la función de las aplicaciones del ecosistema *Hadoop*.

→ Saber diferenciar las distribuciones que ofrecen los paquetes de aplicaciones *Hadoop*.

→ Entender qué es una base de datos NoSQL.

→ Saber en qué consiste el *cloud computing*.

1. Introducción

Hoy en día, a cualquier proyecto que se diseña para el análisis de datos se le coloca el nombre de *big data* por el simple hecho de tratar con datos y muchas veces **se está confundiendo *big data* con *business intelligence.***

Si bien es cierto que gran parte del término *big data* incluye BI, como ya viste en unidades anteriores, no son iniciativas excluyentes, sino que se complementan y prácticamente en todos los casos van de la mano.

Con la llegada del BI se pretendía iniciar una nueva política de empresa basada en el análisis de datos para mejorar los ingresos, y durante años se vino utilizando este para dicho propósito. Pero con la llegada de internet y los nuevos tipos de datos, el *business intelligence* no contaba con la potencia suficiente y era necesario un cambio de filosofía que lo complementara.

En esta unidad ahondarás más en el término *big data,* descubriendo las aplicaciones que se utilizan en la actualidad para trabajar con los datos, especialmente el **ecosistema de *Apache Hadoop,*** uno de los más utilizados y extendidos.

Además, se ahondará más en los tipos de almacenamientos de **bases de datos NoSQL** y en algunas corrientes surgidas del *big data,* como el *cloud computing.*

Seguirás viendo el caso de TextilTek S. L., y te darás cuenta de que la empresa ha decidido implementar la filosofía de *software* libre que tiene *Apache Software Foundation* con *Hadoop,* así como las diferentes decisiones que necesitar tomar para dar correctamente los pasos hacia una buena gestión de esta infraestructura.

2. Definiendo el *big data*

 **HILO CONDUCTOR**

Gracias a la implementación del *big data,* TextilTek, S. L. tiene varias ideas en mente para sacar su máximo partido. En primer lugar, desean usar soluciones de código abierto para ahorrar en costes de *software.* También será muy

Continúa en página siguiente >>

<< Viene de página anterior

importante el uso del internet de las cosas, ya que de esta forma podrá cruzar datos de ventas con elementos como el clima, los eventos sociales, las épocas del año, etc., y finalmente recibir el *feedback* que le proporcionen los clientes para mejorar.

Al igual que la tecnología avanza, también es necesario evolucionar la perspectiva de negocio de las organizaciones, ya que, ante el surgimiento de estos nuevos tipos de datos, se crean nuevas necesidades.

Los sistemas que hasta ahora se encargaban de lidiar con ellos **no cuentan con la potencia suficiente ni con los recursos necesarios** por parte de las organizaciones. Esto es precisamente lo que define al *big data,* **un medio dotado de la capacidad de enfrentarse a los distintos problemas que surgen en la gestión de datos de forma distribuida y escalable en recursos.**

En **primer lugar,** el *big data* pretende dar soporte a la variedad de datos existentes. Los datos no estructurados ocupan la mayoría de información que se genera actualmente. Debido a esto, **el modelo de base de datos relacional es insuficiente** y son necesarios nuevos sistemas de almacenamiento.

La **segunda razón** es la escalabilidad de los sistemas. Se necesitan sistemas muy potentes para el análisis de datos y **la idea es aplicar escalabilidad horizontal,** es decir, no implementar un *mainframe* gigantesco, añadiendo unidades de procesamiento que, sin duda, llegará hasta un límite (escalabilidad vertical), sino **separar en varios elementos todo el sistema,** tanto sistemas de ficheros como unidades de procesamiento. Esto es algo difícil de hacer con los sistemas relacionales.

Ante estos problemas, el *big data* intenta dar soluciones, de ahí que surjan las 7V, que definen un sistema *big data* 2.0.

- ↪ **Valor:** el valor de los datos se obtiene cuando se transforman en información útil que, a su vez, transmite conocimiento para tomar decisiones. Almacenar datos no genera valor alguno.
- ↪ **Visualización:** otra de las características que has aprendido es la de representar los datos de forma comprensible y accesible. De nada sirve obtener resultados analíticos si estos no son entendibles.
- ↪ **Viabilidad:** se trata de realizar un uso de datos eficaz de los datos mediante inteligencia empresarial. El objetivo es adecuar la organización a

la competencia, hacerla viable en base a los datos analizados y las conclusiones obtenidas; de esta forma, se obtendrá ventaja sobre las demás.

- ➲ **Veracidad:** se refiere al grado de fiabilidad de los datos recibidos. Es necesario filtrar los datos para aumentar su calidad y tomar decisiones correctas; de lo contrario, podrían desencadenar verdaderos desastres.
- ➲ **Variedad:** serán las distintas formas, tipos y fuentes de datos. Ya has aprendido los diferentes tipos de datos existentes, los estructurados y no estructurados, por lo que sabes que la variedad también es una característica básica.
- ➲ **Velocidad:** se refiere a los datos que se mueven, a la rapidez con que se crean, se almacenan y se procesan. Algunos de ellos, como los datos financieros o los eventos en redes sociales, deben ser procesados en tiempo real, por lo que este elemento es fundamental.
- ➲ **Volumen:** se refiere a la cantidad de datos que pueden ser generados en un tiempo determinado. Es la característica más significativa del *big data*. Cada segundo se genera y se almacena una cantidad de datos enorme, que deben ser analizados por las organizaciones, especialmente por aquellas que trabajan en el mundo digital, por lo que es necesario tener implantado un sistema *big data*.

DEFINICIÓN

Base de datos en memoria (IMBD)

Es una base donde los datos se almacenan en la memoria principal del sistema, la cual es más rápida en sus tiempos de respuesta. Los datos que van a ser usados se cargan en esta memoria de forma comprimida y no relacional para ganar velocidad de consulta. Gracias al abaratamiento de las memorias RAM, el multiprocesamiento y el ancho de banda a 64 bits han facilitado estos medios.

- -

2.1. Sectores donde el *big data* es determinante

En la era digital, el *big data* se ha erigido como un pilar fundamental en la transformación y evolución de múltiples sectores industriales. Al analizar enormes conjuntos de datos, las organizaciones pueden desvelar patrones, tendencias y conexiones que anteriormente permanecían ocultos, permitiéndoles tomar decisiones informadas y estratégicas con un nivel de precisión sin precedentes. Esta capacidad de procesar y analizar datos a gran escala, no solo mejora la eficiencia operativa y la innovación, sino que también ofrece una ventaja competitiva crucial en el mercado actual. Algunos de los ámbitos que se han visto modificados son:

1. **Banca:** utiliza *big data* para analizar el comportamiento de los clientes, ofreciendo productos financieros personalizados, mejorando la detección de fraudes mediante el análisis de transacciones en tiempo real, y optimizando la gestión de riesgos financieros.
2. ***Marketing:*** permite una segmentación de clientes más detallada y precisa, optimiza las estrategias de publicidad basándose en análisis de comportamiento de compra y mejora la experiencia del cliente mediante personalizaciones basadas en sus preferencias y hábitos de consumo.
3. **Salud:** *big data* facilita la predicción de epidemias, mejora en la personalización de tratamientos médicos a través del análisis de datos de salud del paciente, y optimiza la gestión de recursos en hospitales y clínicas.
4. **Retail:** mejora la gestión de inventarios a través de la predicción de tendencias de compra, personaliza las ofertas a los consumidores basándose en sus historiales de compra, y optimiza la logística y distribución.
5. **Transporte:** utiliza análisis de *big data* para optimizar rutas de transporte, mejorar la eficiencia del tráfico y la planificación urbana, y desarrollar sistemas de transporte inteligente que responden en tiempo real a las condiciones cambiantes.

Estos ejemplos demuestran cómo el análisis de grandes volúmenes de datos está remodelando industrias, llevando a mejoras en la eficiencia, la personalización de servicios y productos, y en la toma de decisiones basada en datos.

3. Tecnología *big data*

☞ HILO CONDUCTOR

Para implementar el sistema, TextilTek necesitará una infraestructura de *software* de análisis, un sistema de almacenamiento NoSQL, una dirección debidamente formada y soluciones adecuadas para una correcta visualización de los resultados.

Cuando se habla de *big data* no solamente hay que hablar de las V que lo definen ni del tamaño de los datos, sino que **también entran los sistemas de almacenamiento, análisis y las distintas metodologías existentes.**

Se puede situar como fuente o precursor de *Google,* que con la presentación de su nueva visión de **sistema de procesamiento distribuido** llamado *MapReduce,* que se ejecuta sobre *Hadoop,* cuyo funcionamiento ya aprendiste en la unidad 1, revolucionó la forma de entender el análisis de datos.

Posteriormente, esta misma empresa presentó **Google File System, un servicio de base de datos NoSQL,** que se puede considerar el origen de las bases de datos NoSQL actuales, en las cuales se puede guardar todo tipo de información.

Google File System fue el precursor del sistema de archivos actualmente utilizado por *Google,* conocido como Colossus. Colossus es la segunda generación del sistema de archivos de *Google,* desarrollada para superar algunas de las limitaciones de GFS y proporcionar una infraestructura más robusta para el almacenamiento y procesamiento de datos a gran escala.

Esquema simplificado del sistema de archivos de *Google*

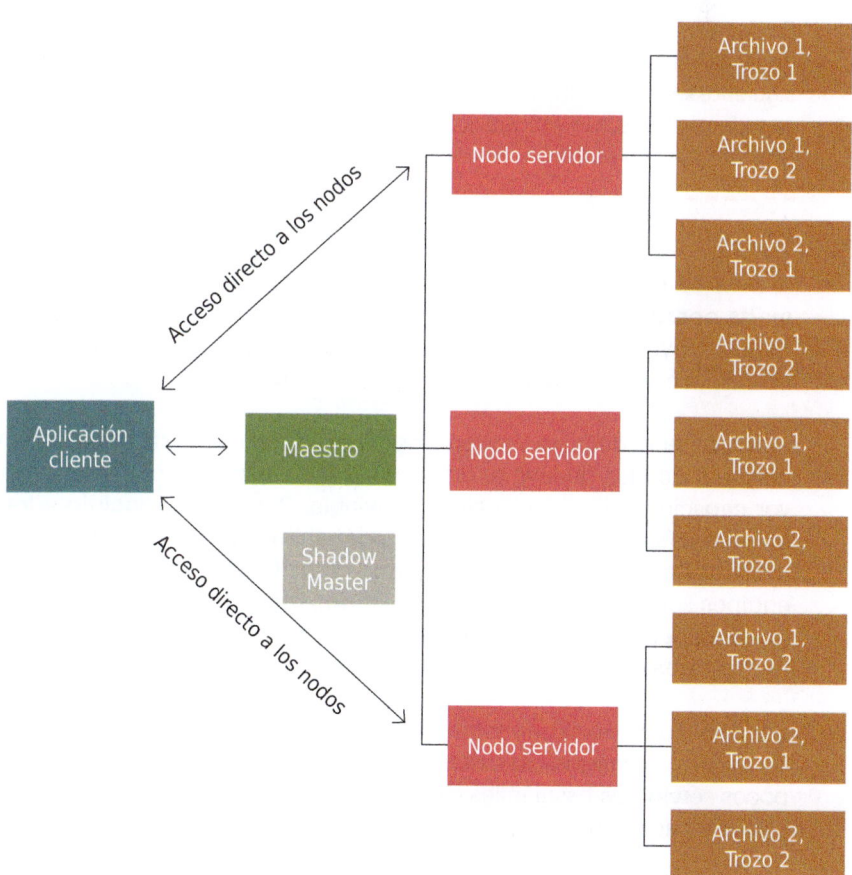

A pesar de que *Google* comenzó de alguna forma toda la revolución, fueron los ingenieros de **Apache** los que en 2006 desarrollaron los paradigmas de *Google* a **una plataforma de *big data open source,* a la que llamaron Hadoop.**

Esta plataforma es la más utilizada hoy en día. En ella, gracias a la filosofía de código abierto, se han desarrollado infinidad de nuevas aplicaciones. Debido a la transcendencia de *Hadoop,* te centrarás en aprender qué es y cómo funciona en los siguientes puntos.

3.1. *Apache Hadoop*

☞ HILO CONDUCTOR

En cuanto a la formación del personal y la visualización de datos, en TextilTek tienen las necesidades cubiertas, tal y como has visto en los anteriores puntos. Lo siguiente será elegir un sistema de gestión y análisis de ficheros suficientemente completo y fiable, a la vez que económico. Existe uno que cumple perfectamente estas premisas y es *Apache Hadoop* y su ecosistema de aplicaciones de *big data.*

Apache Software Foundation es una **organización sin ánimo de lucro formada por una comunidad de desarrolladores,** cuyo objetivo es dar soporte a proyectos de *software* mediante código abierto. Entre otras muchas aplicaciones es la creadora de *Apache Hadoop.*

Hadoop nació de la necesidad de procesar cantidades de datos cada vez mayores. La idea de invertir en equipos cada vez más potentes y con mayor capacidad de almacenaje era inviable. Por ello, **se decidió adoptar otra filosofía, la de distribuir su almacenamiento y procesamiento entre muchos equipos (nodos), trabajando coordinadamente (clúster).** Estos equipos son controlados por varios **nodos maestros** que se encargan de **gestionar el sistema de ficheros** y de coordinar la **ejecución de las diferentes tareas** de cada miembro del clúster.

Hadoop proporciona una estructura que permite el procesamiento distribuido de grandes datos. Su diseño escalable puede expandirse desde unos pocos servidores hasta miles de máquinas, cada una ofreciendo computación y almacenamiento local.

Clúster *Hadoop* formado por tres nodos esclavos y un nodo maestro

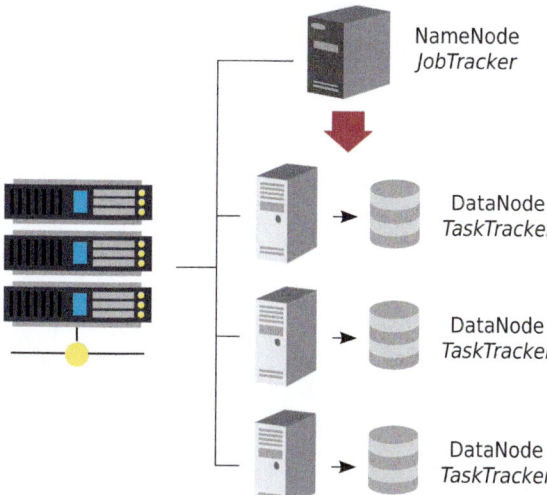

HDFS

Ya que has aprendido en términos generales qué es *Hadoop* y cuál es su objetivo, toca explicar los términos generales de su arquitectura, que asegura su **fiabilidad y la potencia** que proporciona para su uso en *big data*.

La forma de entender el *big data* en *Hadoop* es la premisa de distribuir, en primer lugar, la gestión y el almacenamiento de todos los datos y, en segundo lugar, el procesamiento de estos datos. Estos son precisamente los dos pilares fundamentales de la arquitectura de *Hadoop*.

HDFS *(Hadoop Distributed Fila System)* es el sistema de ficheros de *Hadoop* para almacenar los ficheros. HDFS divide estos en trozos de 128 MB o 256 MB y posteriormente los distribuye en los diferentes ***datanodes*** que conforman el clúster de máquinas. **Además de dividirlos en trozos, también los replica** en, al menos, tres nodos distintos para asegurar su integridad.

Sistema de escritura y lectura en HDF

El nodo que actúa de servidor en un clúster es llamado *namenode,* que se encarga de guardar los metadatos que identifican las características de la información de cada nodo. Este también se encontrará replicado en un *secundary namenode.* Cuando una aplicación desea interactuar con información, el *namenode* le dirá dónde se encuentra.

Este sistema permite aumentar fácilmente la escalabilidad, ya que se pueden ir sumando nodos al clúster de forma dinámica e, incluso, llegar a tener miles de ellos con decenas de petabytes (PB) de datos almacenados.

⊕ PARA SABER MÁS

Apache dispone de una wiki donde aparecen las instituciones que usa *Hadoop*, junto a algunos detalles, como el tamaño de sus clústeres y la cantidad de datos que almacenan.

Continúa en página siguiente >>

<< Viene de página anterior

https://redirectoronline.com/ifct128po0501

MapReduce

Basado en el sistema de *Google, MapReduce* **es también el sistema de procesamiento que utiliza** *Hadoop.* Aunque ya sabes algo de su funcionamiento, conviene que lo recuerdes:

> **Función Map**
> - Divide la tarea que se le haya encomendado en subtareas y se reparten en los distintos nodos para ejecutarla.

> **Función Reduce**
> - Tras haber ejecutado todas las subtareas, la función **Reduce** recoge todas las respuestas ofrecidas por los nodos y las combina y agrupa para obtener una respuesta final.

Otro elemento necesario es saber cómo *MapReduce* asigna el procesamiento a cada nodo. Cada máquina que compone un clúster contiene un **servidor** *MapReduce* **llamado** *tasktracker* o rastreador de tareas. **A estos servidores les llegarán las tareas que el** *jobtracker* **o rastreador de trabajos les asigne.**

Por tanto, **el** *jobtracker* **se encarga de dividir** cada proceso en subproce-**sos y distribuirlos a los distintos** *tasktrackers.* Además, se encargará de comprobar que los *tasktrackers* estén operativos para que, en caso de no estarlo, reasignar la subtarea a otro equipo.

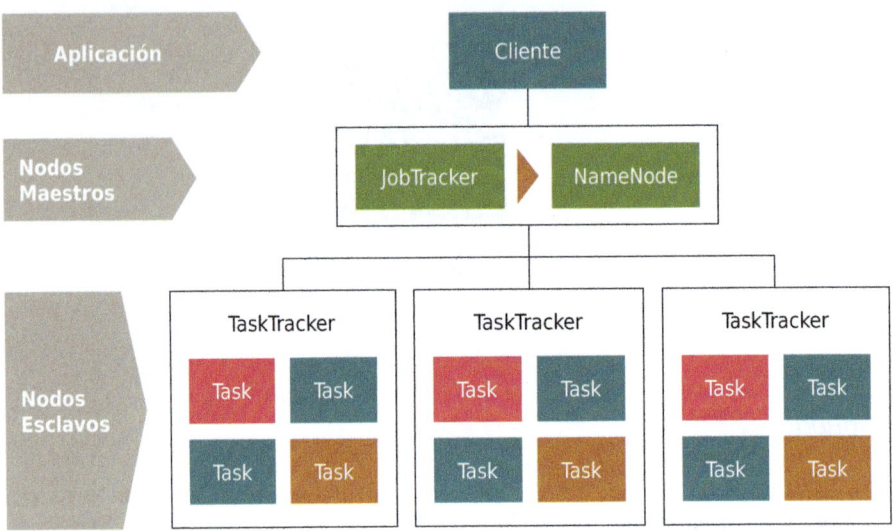

Ecosistema *Hadoop*

👉 HILO CONDUCTOR

El ecosistema *Hadoop* es la solución perfecta para TextilTek, ya que implementa motores de análisis como Spark, sistemas de ficheros NoSQL e interfaces de visualización de tareas como Ambari, entre otras importantes aplicaciones.

Hadoop no es un proyecto que lo englobe todo, sino una serie de proyectos que coexisten y trabajan al mismo tiempo para implementar nuevas soluciones en su paquete de aplicaciones. El **objetivo principal** es crear una serie de servicios que puedan transformar *hardware* de bajo coste en un sistema perfectamente válido para el análisis y almacenamiento de datos. También se le llama **commodity hardware.**

Hadoop cuenta con aplicaciones capaces de trabajar en *batch* o por lotes, **que significa trabajar con paquetes de datos almacenados en bases de datos.** También cuenta con aplicaciones para trabajar en *streaming* o en **tiempo real,** donde los datos se van analizando al mismo tiempo que se van creando. A la hora de hablar de las aplicaciones más importantes de *Hadoop* se citarán si trabajan en *batch* o *streaming.*

A continuación, verás algunos de los elementos más importantes en el eco-sistema de *Hadoop*.

Coordinación

Zookeeper es un proyecto que proporciona un servicio de coordinación para los procesos distribuidos en cada uno de los servidores.

Flujo de trabajo

Oozie es un proyecto que proporciona una gestión de los flujos de trabajo. Permite definir el momento de ejecución de los trabajos de *MapReduce,* de forma programada o cuando se disponga de datos para los trabajos.

Visualización

Ambari es un proyecto de alto nivel que permite provisionar, administrar y realizar el monitoreo de un clúster *Hadoop.* También se encarga de integrar *Hadoop* en una infraestructura empresarial.

Tableau Software es una empresa que desarrolla aplicaciones para la visua-lización de datos enfocados a la inteligencia empresarial. En este caso, se trata de un *software* de pago.

Análisis

Pig es un lenguaje de nivel alto que se encarga de convertir las instruccio-nes o descripciones de alto nivel de cómo deben ser procesados los datos a lenguaje de trabajo de *MapReduce,* por lo que es un medio de trabajo que conecta el lenguaje de la máquina con el lenguaje humano. El sistema de procesamiento es de tipo *batch* o por lotes.

Hive convierte una instrucción en lenguaje SQL en Pig o directamente en lenguaje *MapReduce. Facebook,* por ejemplo, usa este tipo de *software* en sus análisis.

Mahout es un proyecto para producir algoritmos de aprendizaje automáti-co o *machine learning*. Dado que la mayoría de sus implementaciones se llevan a cabo en *Hadoop,* Mahout proporciona una serie de librerías que permiten escribir en aplicaciones *MapReduce.*

Spark es un sistema de análisis distribuido a través de clústeres al igual que *MapReduce,* que proporciona una forma fácil de escribir programas para los científicos de datos. Su motor soporta la ejecución de análisis para grafos, para datos estructurados y no estructurados.

Búsqueda

Solr es un motor de búsqueda, cuyas características incluyen búsquedas de texto completo, búsqueda distribuida, interfaz gráfica e indexación en tiempo real. Se utiliza en análisis y búsqueda empresarial.

Procesamiento

MapReduce es el eje central de procesamiento distribuido de *Hadoop.* Ya lo has conocido anteriormente.

Administrador de recursos

YARN *(Yet Another Resource Navigator)* se incorporó en la versión 2.0 de *Hadoop,* con el objetivo **de mejorar la gestión del clúster,** ya que en la versión 1.0, si el *jobtracker* caía, el clúster dejaba de funcionar. YARN **separa las tareas que realiza el *jobtracker* en dos procesos separados: un gestor de recursos, o *Global Resource* Manager, y un programador de aplicaciones, o *Application Master.*** Lo que hace básicamente esto es ejecutar *MapReduce* de forma independiente, como si fuera otra aplicación más; de esta forma, si cae, no caerá el resto del sistema.

Además, la separación de cada elemento proporciona que otros motores de análisis puedan comunicarse también con *Hadoop,* al no ser obligatorio usar *MapReduce. Facebook* es un ejemplo de esto, ya que, en lugar de *MapReduce,* utiliza *Apache Giraph,* que permite analizar grafos sociales.

Característica	*Hadoop* 2.0	*Hadoop* 3.0
Arquitectura de YARN	Se introduce la primera versión de YARN	Mejoras significativas en YARN
HDFS Erasure Coding	No está disponible	Introducción de Erasure Coding para reducir el almacenamiento requerido

Continúa en página siguiente >>

<< Viene de página anterior

Característica	*Hadoop* 2.0	*Hadoop* 3.0
Soporte para grandes clústeres	Menos optimizado para clústeres grandes	Mejoras en la escalabilidad para admitir clústeres más grandes
Mejoras de rendimiento	Mejoras incrementales	Mejoras significativas en el rendimiento para operaciones de lectura, escritura y gestión de metadatos.
Seguridad	Menos características de seguridad	Mejoras en la seguridad, incluido soporte para nuevas características de autenticación y autorización.
Compatibilidad de API	API más estable y madura	Continúa con la compatibilidad de API y agrega nuevas características y funcionalidades.

Almacenamiento

HDFS es el sistema de archivos básico de *Hadoop*, mediante el cual, se puede trabajar en procesos *bach*, **pero no está orientado a la analítica en tiempo real.** Por este motivo surge HBase.

HBase proporciona un motor de procesamiento desde la memoria, lo cual acelera las operaciones de lectura y escritura de datos. También trabaja con bases de datos NoSQL. Por ejemplo, *Facebook* almacena los mensajes en HBase para enviarlos en tiempo real, y los metadatos en ZooKeeper.

Ingestión de datos

Flume tiene como función introducir datos en *streaming* en el sistema de ficheros HDFS de *Hadoop*. Estos datos pueden ser semiestructurados y no estructurados.

Por su parte, Sqoop ejecuta aplicaciones que introducen o extraen información de bases de datos SQL, es decir, bases de datos relacionales con información estructurada.

Streaming

Apache Spark también cuenta con una versión *streaming* que permite el análisis de datos en tiempo real.

Storm es un sistema distribuido de computación en tiempo real. Es integrable en cualquier lenguaje de programación y proporciona análisis de datos en *machine learning* y procesos ETL.

Administración de clústeres

Son distribuciones líderes en el mercado que proporcionan paquetes de aplicaciones *Hadoop* para su integración en los sistemas. Se hablará más extensamente de cada una de ellas en el siguiente apartado.

Distribuciones comerciales *Hadoop*

☞ HILO CONDUCTOR

En el caso de TextilTek, esta cuenta con servidores tanto en plataforma *Windows* como *Linux*, aspecto que deberá tener en cuenta a la hora de instalar el ecosistema *Hadoop*. Lo ideal para su caso es adquirir algún paquete que reúna las características que pide: licencia de *software* libre y compatibilidad con *Windows* y *Linux*. Afortunadamente este paquete existe. Su nombre es HortonWorks.

Gracias a la filosofía de *Hadoop* por tener un desarrollo mediante proyectos independientes, **es común tener problemas de compatibilidad** entre componentes con diferentes versiones.

Debido a esto, **han aparecido compañías que ofrecen estos productos *Hadoop* de manera empaquetada,** al igual que ocurre con las distintas distribuciones del sistema operativo Linux, para que de esta forma los paquetes ofrezcan una versión completamente estable de distintas aplicaciones.

Además de esto, en sus paquetes implementan aplicaciones con desarrollo propio o servicios de soporte. Algunas de las distribuidoras más importantes son **Cloudera y MapR.**

La ventaja principal de estas distribuciones *Hadoop,* es que proporcionan una versión estable y compatible de las diferentes aplicaciones y componentes del ecosistema *Hadoop.* Esto facilita la implementación y el mantenimiento de sistemas de *big data,* ya que los usuarios pueden confiar en que las diversas herramientas funcionarán bien juntas sin problemas de incompatibilidad. Además, estas distribuciones suelen incluir soporte técnico y servicios adicionales para ayudar a las organizaciones a implementar y gestionar sus plataformas de *big data* de manera efectiva.

Cloudera se especializa en ofrecer una plataforma integral de datos, que incluye herramientas para el procesamiento, almacenamiento y análisis de datos a gran escala. Su enfoque se centra en proporcionar soluciones completas para empresas que desean implementar y gestionar sistemas de *big data* de manera eficiente.

Por otro lado, MapR se destaca por su enfoque en la innovación y la optimización del rendimiento en entornos de *big data.* Ofrece una plataforma que se centra en la velocidad, la escalabilidad y la confiabilidad, lo que la hace ideal para aplicaciones de misión crítica y casos de uso que requieren un alto rendimiento y disponibilidad.

 ## ACTIVIDAD COMPLEMENTARIA

7. Conoce un poco mejor el alcance de *Apache Hadoop,* viendo a través de su wiki la cantidad de empresas, muchas de ellas conocidas, que usan su ecosistema de aplicaciones.

   Entra en el siguiente enlace, en su wiki, y busca alguna empresa que conozcas junto con los datos que se proporcionen de ella en cuanto al uso de *Hadoop.*

Continúa en página siguiente >>

<< Viene de página anterior

https://redirectoronline.com/ifct128po0502

3.2. Almacenamiento NoSQL

👉 HILO CONDUCTOR

Evidentemente para trabajar con *big data*, además de su tradicional *warehouse*, TextilTek necesita almacenar datos no estructurados, por lo que debe optar por implementar una base de datos NoSQL.

NoSQL, que significa *Not Only SQL* o *No Structured Query Language,* surgió a principios de la década del 2000 como una respuesta a las limitaciones de las bases de datos relacionales tradicionales para manejar grandes volúmenes de datos no estructurados o semiestructurados. Desde entonces, NoSQL ha evolucionado y se ha convertido en un enfoque clave para el almacenamiento y la gestión de datos en aplicaciones web y empresariales que requieren escalabilidad, flexibilidad y rendimiento.

Todo no se puede representar ni almacenar de manera estructurada. Esto ya lo has visto durante el curso, debido a la existencia cada vez mayor, y casi en totalidad, de datos no estructurados y su uso en tecnologías *big data* como *Hadoop*.

Las bases de datos NoSQL ofrecen una serie de ventajas respecto a las tradicionales.

Escalabilidad horizontal: puede manejar grandes volúmenes de datos distribuidos en múltiples servidores, lo que permite un mejor rendimiento a medida que aumenta la carga de trabajo.

Flexibilidad en el esquema de datos: almacenar y procesar datos de diferentes tipos y estructuras sin tener que ajustarse a un esquema relacional rígido.

Mejor rendimiento para ciertos tipos de aplicaciones específicas, especialmente aquellas que requieren acceso rápido a grandes volúmenes de datos.

Dependiendo de las necesidades, algunos de los tipos de bases de datos no relacionales más comunes son:

- **Base de datos *Key-Value:*** su objetivo es guardar **cualquier cosa** en tablas de dos columnas. En la primera, se guarda la clave para identificar cada fila y en la segunda, el valor. **El valor guardado estará en formato binario,** por lo que se podrá guardar textos, vídeos o imágenes.
  El problema que tiene es que, al estar en formato binario, la base de datos no podrá interpretar la información, por lo que la búsqueda será más lenta.
  Apache Cassandra es una de las bases de datos *Key-Value* más conocidas.
- **Base de datos orientada a documentos:** basadas en el formato *Key-Value,* estas bases de datos son la evolución a las anteriores. En este caso, **el valor se almacena en un formato comprensible,** que normalmente será en forma de datos semiestructurados, que pueden estar guardados, por ejemplo, en formato XML.
  Un caso destacado es Mongo DB.
- **Base de datos orientada a grafos:** en estas bases de datos, **su contenido se almacena en forma de grafos.** Esta distribución permite optimizar el cambio que hay entre nodos, por lo que, si traducimos esto a una base de datos, habrá distintos caminos por los que circular y se buscará el más eficiente.
  Con este tipo de bases de datos se pueden relacionar grandes cantidades de datos muy variados entre ellos.
  Un ejemplo de sistema de grafos puede ser *Facebook,* donde cada nodo representa a un usuario y este contiene amistades, que formarán las aristas del grafo o aristas de las publicaciones.
  GraphDB es una de las bases de datos más conocidas de este tipo.
- **Base de datos orientada a objetos:** estas bases de datos adoptan la filosofía de los lenguajes orientados a objetos. **En lugar de basarse en modelos relacionales, estos modelos pueden tener objetos con herencia**

de otros. Es una especie de bases de datos relacionales, pero con datos no estructurados

- ⟳ **Bases de datos columnares:** estas bases de datos, en lugar de guardar los datos por filas, **los guardan por columnas.** Esto **permite guardar diferentes valores bajo la misma clave,** por lo que cuando se realiza un acceso a una dimensión, como se hace en *business intelligence,* no será necesario traer todas las filas de esa dimensión, sino solo la columna donde esté el valor.

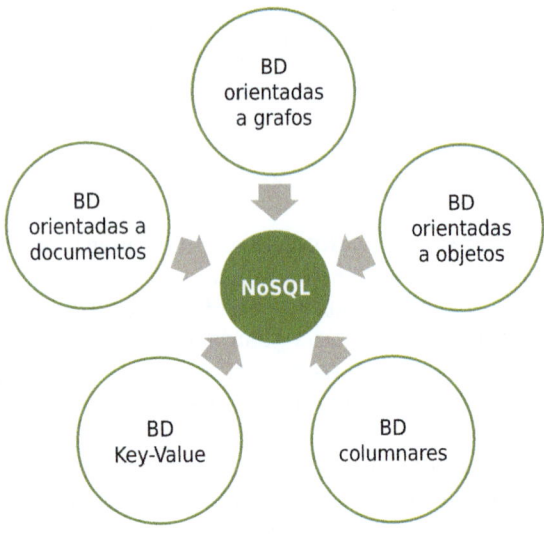

MongoDB

MongoDB es un sistema de gestión de bases de datos NoSQL, orientado a documentos. Utiliza un modelo de datos flexible basado en documentos JSON *(JavaScript Object Notation),* lo que significa que los datos se almacenan en documentos similares a JSON en lugar de en filas y columnas como en las bases de datos relacionales tradicionales.

MongoDB es altamente escalable, permite la indexación rápida de datos y ofrece características como la replicación, la tolerancia a fallos y la capacidad de consultas complejas utilizando su propio lenguaje de consultas llamado *MongoDB Query Language* (MQL).

Es ampliamente utilizado en aplicaciones web modernas, análisis de datos, procesamiento de eventos en tiempo real y otros casos de uso donde se requiere flexibilidad y escalabilidad en la gestión de datos.

En lugar de seguir un esquema de relaciones como las bases de datos relacionales, **los documentos de MongoDB tienen colecciones.** Una colección, por ejemplo, puede ser «Personas», en la cual se guardarían los datos de personas, en diferentes esquemas y con diferentes valores y campos.

```
Nombre: "Antonio",
Apellidos: "Carrasco Martínez",
Edad: 30,
Aficiones: ["fútbol", "tenis", "escalada"],
Amigos: [        {Nombre:"Pedro", Edad:38},
                 {Nombre:"Javier", Edad:18}
```

```
{
        Nombre: "José",
        Estudios: "Ciencia de los datos"
        Amigos: "217",
}
```

Como puedes ver, **en un mismo documento** hay descritas ciertas personas, pero con **campos totalmente distintos** que definen sus características. Esto es posible hacerlo en MongoDB, pero imposible en bases de datos relacionales.

¿Dónde puedes usar MongoDB?
- En todas aquellas aplicaciones que utilicen datos que no sean estructurados, por ejemplo, en desarrollos web. También en entornos donde sea necesaria la escalabilidad, ya que permite aumentar los notos de almacenamiento fácilmente.

¿Dónde no puedes usarla?
- Donde se necesiten datos con ciertas relaciones. Por ejemplo, si en el documento anterior que define personas quieres listar si esas personas son clientes o no, no puedes hacerlo, ya que no hay relación entre el documento de «Personas» y el de «Clientes».

3.3. Los servicios *cloud computing*

☞ HILO CONDUCTOR

Una opción interesante para TextilTek podría ser optar por una solución de computación en la nube. Esto ahorraría la adquisición de *hardware* y podría establecer un sistema de gastos en alquiler flexible. En principio, no es la opción que desean, ya que *Hadoop* les permite ahorrar en *software* y reutilizar servidores de datos con los que ya cuentan.

El *big data* y la nube *(cloud)* son elementos que deben ir unidos, ya que la mayoría de los datos son generados en internet **mediante la informática en la nube o *cloud computing*.**

 DEFINICIÓN

Cloud computing

Consiste en proporcionar servicios informáticos como servidores, bases de datos, almacenamiento, *software* o análisis de datos a través de internet o la nube. Las empresas que ofrecen este servicio se llaman proveedores de la nube y cobran en función de los servicios que contraten otras empresas.

Dentro del *cloud computing,* los *data centers* juegan un papel fundamental. Un *data center,* o centro de datos en español, es una instalación física que alberga servidores, almacenamiento de datos, equipos de red y otros componentes de infraestructura de tecnología de la información. Son la base física donde se alojan y ejecutan los servicios en la nube. Los proveedores de servicios en la nube utilizan estos *data centers* para almacenar y procesar datos, ejecutar aplicaciones y ofrecer una variedad de servicios de computación a través de internet.

Entre las tecnologías disponibles de la informática en la nube se encuentra **la computación elástica, que proporciona un servicio adaptable en base a la necesidad que se tenga de analizar más o menos datos,** algo similar al consumo de electricidad. Esto permite optimizar los recursos y **la asignación flexible de recursos y, por ende, de costes.**

En los sistemas *cloud* puedes encontrar tres modalidades de servicios:

IaaS (Infraestructura como Servicio)
- En este modelo, los proveedores de servicios en la nube ofrecen infraestructura de TI virtualizada a través de internet. Esto incluye recursos como servidores virtuales, almacenamiento y redes. Los usuarios pueden acceder a estos recursos bajo demanda y pagar solo por lo que utilizan, lo que les permite escalar sus recursos de manera flexible según sea necesario. Ejemplos de proveedores de IaaS se incluyen *Amazon Web Services (AWS)*, *Microsoft Azure* o *Google Cloud Platform*.

PaaS (Plataforma como Servicio)
- Donde los proveedores de la nube ofrecen una plataforma de desarrollo y despliegue de aplicaciones a través de internet. Esto incluye herramientas y servicios que permiten a los desarrolladores crear, probar, implementar y administrar aplicaciones de manera más eficiente. Ejemplos de plataformas PaaS son *Google App Engine*, *Microsoft Azure App Service* o *Heroku*.

SaaS (*Software* como Servicio)
- Donde se ofrecen aplicaciones de *software* alojadas y entregadas a través de internet. Los usuarios pueden acceder a estas aplicaciones a través de un navegador web o una API sin necesidad de instalar ni mantener *software* localmente. Las aplicaciones SaaS son generalmente de uso general y abarcan una amplia gama de funciones empresariales, como correo electrónico, gestión de relaciones con los clientes (CRM), colaboración y más. Ejemplos populares de aplicaciones SaaS incluyen *Salesforce*, *Microsoft Office 365*, *Google Workspace* y *Dropbox*.

FaaS (Función como servicio)
- En este modelo se ofrece una plataforma que permite a los desarrolladores ejecutar código de forma *event-driven* sin tener que preocuparse por la infraestructura. Los desarrolladores pueden cargar funciones individuales en la plataforma y especificar los eventos que desencadenarán su ejecución. La plataforma se encarga de escalar automáticamente el código según la demanda, lo que permite una ejecución eficiente y rentable de funciones. Ejemplos de servicios FaaS incluyen *AWS Lambda*, *Azure Functions* y *Google Cloud Functions*.

Los beneficios que ofrece la adopción de este tipo de servicios en las empresas son muy diversos. Algunas de las **ventajas** que ofrece el *big data* en la nube son los siguientes:

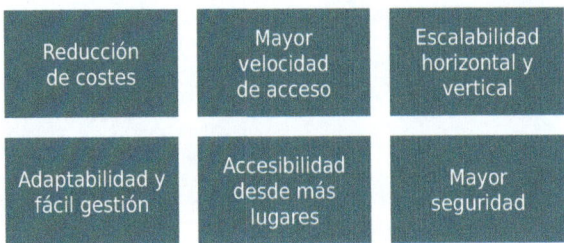

Reducción de costes	Mayor velocidad de acceso	Escalabilidad horizontal y vertical
Adaptabilidad y fácil gestión	Accesibilidad desde más lugares	Mayor seguridad

 SABÍAS QUE...

Existen multitud de compañías que ofrecen este tipo de servicios *cloud computing,* entre las que se encuentran algunas muy importantes y conocidas como **Amazon, Microsoft, Google, IBM** u **Oracle.**

Puedes visitar sus sitios web y encontrar más información de sus soluciones pinchando sobre sus nombres.

TAREA 6

En esta unidad has podido seguir el caso de TextilTek y cómo esta empresa desea implementar su propio sistema *big data.* Tu cometido en esta actividad es ayudar a TextilTek a implementar su sistema *big data.*

Para ello, en primer lugar indica por qué TextilTek ha de implementar *Apache Hadoop* y cuáles son los elementos básicos con los que debe contar para que este funcione. ¿Qué tipo de base de datos deben implementar: SQL o NoSQL? ¿Por qué?

Asimismo, indica qué aplicaciones del ecosistema son las más interesantes para hacer uso de ellas y si deben, en su caso, elegir un paquete concreto de programas de los que ofrecen las compañías que has estudiado.

Continúa en página siguiente >>

<< Viene de página anterior

Finalmente, evalúa brevemente si deberían optar por una solución *cloud computing* o no.

---

4. Resumen

Los sistemas en sí mismos no cuentan con la potencia suficiente ni con los recursos necesarios para ser capaces de analizar y gestionar tanta información. Es precisamente esto lo que define al *big data,* un medio dotado de la capacidad de enfrentarse a los distintos problemas que surgen en la gestión de datos de forma distribuida y escalable en recursos.

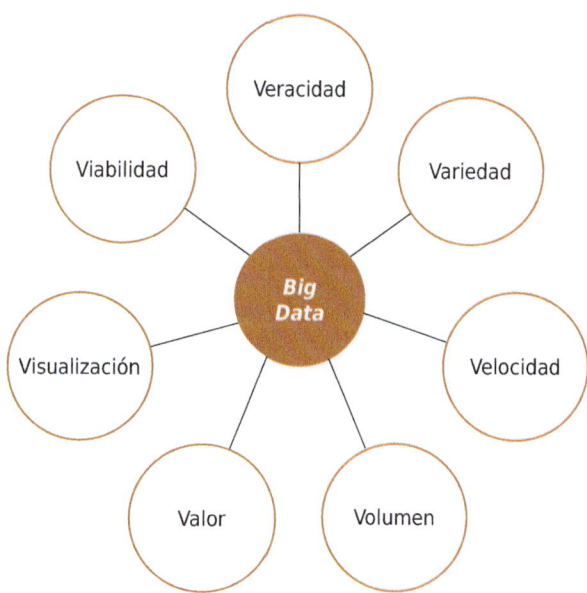

La invención de máquinas capaces de desarrollar inteligencia artificial, las bases de datos *in memory,* el internet de las cosas y el *cloud computing* desembocan en una nueva concepción que hace evolucionar la tecnología al *big data* 2.0.

Almacenamiento NoSQL
- *Key-Value,* orientadas a documentos, orientadas a grafos, orientadas a objetos, columnares. - **MONGO DB.**

Cloud computing
- Infraestructura como servicio (IaaS). - Plataforma como servicio (PaaS). - *Software* como servicio (SaaS). - Función como servicio (FaaS).

Ejercicios de autoevaluación
Unidad de Aprendizaje 5

1. **Selecciona si las siguientes afirmaciones son verdaderas o falsas.**

   a. El *big data* no contempla la necesidad de hacer un uso eficaz de los datos y la viabilidad de estos.

      - ■ Verdadero
      - ■ Falso

   b. El volumen de datos es fundamental para hablar del *big data*.

      - ■ Verdadero
      - ■ Falso

   c. El *big data* está orientado a una gestión de datos de forma distribuida y escalable.

      - ■ Verdadero
      - ■ Falso

   d. La analítica predictiva en tiempo real es algo que surgió antes del data 2.0.

      - ■ Verdadero
      - ■ Falso

2. **¿Cuál de las siguientes afirmaciones es correcta?**

   a. Apache fue el primero en crear el motor *MapReduce*.
   b. El sistema de ficheros *Google File System* es, en esencia, de tipo SQL.
   c. *Apache Hadoop* es una plataforma open source.
   d. Algunas de las aplicaciones de *Hadoop* son *open source*.

3. Indica si las siguientes afirmaciones sobre HDFS son verdaderas o falsas.

    a. Los *namenodes* son cada uno de los nodos de un clúster que realiza los trabajos con los datos.

- ■ Verdadero
- ■ Falso

    b. HDFS divide los datos en trozos y, además, hace replicaciones con ellos.

- ■ Verdadero
- ■ Falso

    c. Los *datanodes* son cada uno de los nodos de un clúster que realiza los trabajos con los datos.

- ■ Verdadero
- ■ Falso

    d. Un *namenode* actúa como servidor de un clúster.

- ■ Verdadero
- ■ Falso

4. Un *tasktracker*...

    a. ... se encarga de dividir cada proceso en subprocesos y distri-buirlos en los *jobtrackers*.
    b. ... recibe las tareas del *jobtracker* para ejecutarlas.
    c. ... se considera un nodo maestro.
    d. ... se encarga de comprobar que los *jobtrackers* se encuentran operativos.

5. Indica si las siguientes afirmaciones sobre el ecosistema *Hadoop* son verdaderas o falsas.

a. El proyecto *Spark* tiene una variante *streaming* para trabajar con datos en tiempo real.

- ■ Verdadero
- ■ Falso

b. YARN se implementó ya desde la versión 1.0 de Hadoop.

- ■ Verdadero
- ■ Falso

c. HDFS también es un sistema de ficheros orientado al trabajo en tiempo real.

- ■ Verdadero
- ■ Falso

d. *Apache Hive* convierte una instrucción en lenguaje SQL en Pig o directamente en lenguaje *MapReduce*.

- ■ Verdadero
- ■ Falso

6. ¿Cuál de las siguientes afirmaciones sobre las distribuciones comerciales de *Hadoop* es correcta?

a. Cloudera ofrece todo su paquete en código abierto, incluso con las mejoras realizadas por otras empresas a las aplicaciones, lo que no permite que sean de pago.
b. Cloudera ha implementado su propio sistema de ficheros.
c. Cloudera puede trabajar tanto en *Linux* como en *Windows*.
d. Cloudera ha implementado su propio sistema de archivos.

7. Indica si las siguientes afirmaciones sobre el almacenamiento NoSQL son verdaderas o falsas.

a. Una ventaja del NoSQL es la de almacenar mayor cantidad de datos a mayor velocidad.

■ Verdadero
■ Falso

b. Todas las bases de datos NoSQL almacenan sus datos en código binario.
■ Verdadero
■ Falso

c. En las bases de datos orientadas a objetos aparecen los documentos llamados colecciones. Por ejemplo, la colección «Clientes» sería un documento.

■ Verdadero
■ Falso

d. Las bases de datos *Key-Value* almacenan la información en forma binaria.

■ Verdadero
■ Falso

8. MongoDB...

a. ... es una base de datos orientada a objetos.
b. ... es una base de datos orientada a documentos.
c. ... es una base de datos columnar.
d. Existen varios tipos de bases de datos en MongoDB.

9. ¿Qué modalidad de servicio no ofrece el *cloud computing*?

a. Infraestructura como servicio.
b. *Software* libre como servicio.
c. Plataforma como servicio.
d. *Software* como servicio.

10. Señala cuál de las siguientes afirmaciones sobre el *cloud computing* son verdaderas o falsas.

a. Uno de los beneficios del *cloud computing* es la adaptabilidad en cuanto al uso de los medios que ofrece.

- ■ Verdadero
- ■ Falso

b. El *cloud computing* solo ofrece el soporte físico como servicio. Los demás elementos, como el *software,* debe ponerlos la empresa consumidora.

- ■ Verdadero
- ■ Falso

c. La computación elástica proporciona un servicio adaptable en base a la necesidad que se tenga de analizar más o menos datos.

- ■ Verdadero
- ■ Falso

d. Una de las soluciones más utilizadas en *big data* es el *cloud computing.*

- ■ Verdadero
- ■ Falso

Introducción a la analítica avanzada

Contenido

1. Introducción
2. Analítica avanzada: las preguntas no se responden, se crean
3. Analítica predictiva
4. Analítica prescriptiva
5. Resumen

Objetivos

El objetivo general de esta Unidad de Aprendizaje es:

→ Aprender el concepto y las características de la analítica avanzada y su estrecha relación con el *big data,* y conocer las distintas técnicas, tales como son la analítica predictiva y la analítica prescriptiva.

Los objetivos específicos de esta Unidad de Aprendizaje son:

→ Entender la diferencia que existe entre analítica descriptiva, predictiva y prescriptiva.

→ Conocer el *data mining* y las fases de implantación según la guía CRISP-DM.

→ Conocer el *machine learning* y los distintos algoritmos de aprendizaje automático.

→ Aprender las técnicas de clasificación de datos usadas en ambos modelos de analítica.

→ Aprender las dos corrientes principales de la analítica prescriptiva.

1. Introducción

Durante el curso se han tratado aspectos tan importantes del *big data* como sus precedentes, su evolución, la importancia que tienen los datos para las empresas, así como una parte tan relevante del análisis de datos como es la analítica descriptiva y su uso en *business intelligence* como complemento del *big data*.

Para este punto final se tratarán los dos tipos de analíticas que surgieron con posterioridad a la tradicional, la analítica predictiva y la analítica prescriptiva, y su importancia como uno de los pilares fundamentales de uso del *big data*.

Una de las virtudes más significativas de este tipo de analítica es la capacidad para obtener conocimiento de datos que no sean estructurados, como las interacciones en páginas web, fotografías, vídeos, comentarios y críticas. Es decir, recursos que permitan a las compañías comprender qué tipos de comportamientos se traducen en compras, qué comportamientos son los indicados para fidelizar a los clientes y cómo unos clientes influyen en otros gracias a los nuevos medios sociales y el internet de las cosas.

En este contexto, la introducción a la analítica avanzada se posiciona como un pilar clave para desbloquear el potencial de la inteligencia artificial. Mediante técnicas como el *data mining* y el *machine learning,* esta unidad permite explorar y comprender profundamente los datos, descubriendo patrones y relaciones ocultas que impulsan decisiones predictivas y estratégicas. La sinergia entre la analítica avanzada y la inteligencia artificial potencia la innovación, mejora la eficiencia operativa y ofrece experiencias personalizadas, adaptándose así a un entorno empresarial en constante evolución.

Esto no está solo al alcance de las grandes empresas, sino también de otras más modestas gracias a soluciones como *Hadoop* y su filosofía de *commodity hardware,* que mediante un mínimo esfuerzo puede colocar a una pequeña empresa en el mundo del *big data*.

Verás también el final del proceso de actualización de TextilTek, que es un reflejo de lo que hoy en día hacen otras tantas empresas. Para ellos es fundamental realizar una analítica predictiva, debido al gran mercado en el que operan y la fuerte competencia que existe.

2. Analítica avanzada: las preguntas no se responden, se crean

☞ HILO CONDUCTOR

Con el *big data*, TextilTek quiere ir un paso más allá y utilizar la potencia del mismo con las herramientas de *Hadoop* implementadas para llevar a cabo una analítica predictiva, con el fin de ayudar a los directivos y trabajadores a tomar mejores decisiones y crear estrategias de *marketing* competitivas. Es una gran empresa y su estructura es compleja. Si a esto sumamos su componente *online*, este tipo de técnicas predictivas resulta de aplicación necesaria como guía de actuación.

- -

Probablemente, la mayoría de las empresas ya cuenten con la capacidad de responder a las preguntas ¿Qué pasó? Y, ¿Por qué pasó? Mediante consultas *(querying)* y generación de reportes *(reporting)* gracias al *business intelligence*.

Pero, una vez conseguido esto, ¿cuál es el siguiente paso? La respuesta está en la **analítica avanzada.**

Gráfico de evolución según las preguntas que se desean responder

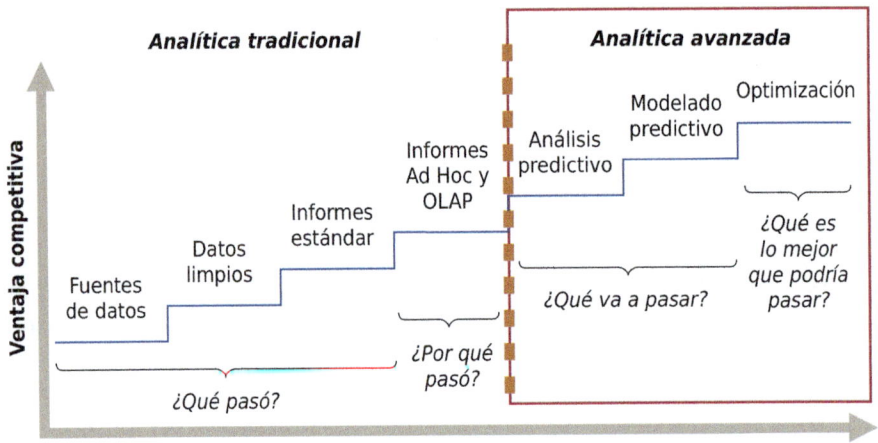

La **analítica avanzada** se define como una serie de técnicas **matemáticas y de estadística, como el aprendizaje computacional,** capaces de extraer información de grandes cantidades de datos con el objetivo de predecir resultados y encontrar las mejores decisiones a tomar. Se divide en la analítica predictiva, la cual puede responder preguntas como ¿Qué pasará?, y la **analítica prescriptiva,** la cual puede mediante simulaciones proporcionar información sobre las posibles alternativas que existen para tomar la mejor decisión, por lo que responde al qué o cuál es la mejor alternativa.

3. Analítica predictiva

 HILO CONDUCTOR

Un recurso muy útil con el que cuenta TextilTek para realizar análisis predictivos son los datos de su web, ya que cuentan con un sistema de chat en tiempo real, para que los usuarios puedan resolver sus dudas y así proporcionar *feedback* entre la empresa y los clientes. Las opciones más destacadas con las que cuenta la empresa para realizar analítica predictiva son *data mining* y *machine learning*. Aunque es cierto que ambas son muy parecidas y comparten herramientas, creen que es mejor decantarse por la filosofía del *data mining*.

La **analítica predictiva de datos** es la agrupación de técnicas de modelización estadística, minería de datos y aprendizaje automático, que se encarga de analizar datos tanto históricos como actuales para hacer predicciones mediante patrones y modelos acerca de acciones futuras y acontecimientos que aún están por ocurrir.

El *big data* ha marcado de alguna forma el camino a seguir para estas técnicas, ya que no solo se pueden analizar datos provenientes de bases de datos tradiciones, como son los *data warehouses* de las empresas, sino también datos de todo tipo de lugares gracias a la capacidad del *big data* para captar, almacenar y elaborar datos de forma no estructurada.

El *software* de código abierto se ha convertido en un soporte muy importante para este tipo de soluciones analíticas, ya que uno de los lenguajes de programación más utilizados en este campo es el lenguaje R, junto con Python y Scala; de hecho, Apache Spark, una de las principales herramientas de *Hadoop* en *machine learning* utiliza estos lenguajes de programación.

DEFINICIÓN

Lenguaje de programación

Es un lenguaje escrito y formado por un conjunto de reglas que es capaz de especificar diferentes instrucciones comprensibles para una máquina. Mediante estos lenguajes se escriben programas que pueden controlar el comportamiento físico y lógico de una máquina y dotarla de funcionalidad y de cierta inteligencia. Cada uno de los lenguajes existentes contienen unas reglas diferentes y una estructura propia. Además, están orientados a objetivos distintos, interfaces gráficas, operaciones matemáticas, análisis estadístico como R, etc.

Una figura muy importante en la analítica predictiva es la de los científicos de datos, los cuales, mediante la recopilación y preparación de datos, preparan los modelos predictivos gracias a su conocimiento de la estadística.

Junto a esta figura, aparecen también ingenieros de datos, matemáticos, estadísticos, desarrolladores de *software* y analistas de negocios.

3.1. Aplicaciones

La analítica predictiva, fundamentada en el análisis de grandes volúmenes de datos y la aplicación de algoritmos avanzados, tiene aplicaciones transformadoras en diversos sectores. En la siguiente lista se presentan algunas de las áreas más beneficiadas por la analítica predictiva:

1. **Ciberseguridad:** utiliza patrones de datos históricos para anticipar y mitigar amenazas digitales, mejorando la capacidad de las organizaciones para prevenir ataques cibernéticos.
2. *Marketing:* mejora la segmentación y personalización de las campañas publicitarias mediante el análisis de comportamientos de consumidores, optimizando así la asignación de recursos y aumentando la efectividad del *marketing.*
3. **Redes sociales:** personaliza la experiencia del usuario al predecir y recomendar contenidos de interés, mejorando la retención y el compromiso en las plataformas.
4. **Gestión de recursos:** como la red eléctrica o el agua potable, que optimiza su distribución y el consumo mediante la predicción de la demanda, mejorando la eficiencia y la sostenibilidad ambiental.

5. **Salud:** mejora el diagnóstico y tratamiento de enfermedades a través del análisis de historiales médicos y datos biométricos, permitiendo intervenciones personalizadas y proactivas.

6. **Finanzas:** utiliza datos históricos de mercado y comportamientos de clientes para predecir tendencias de mercado, riesgos de crédito y oportunidades de inversión, mejorando la toma de decisiones financieras.

7. **Retail:** optimiza la gestión de inventarios y la planificación de productos mediante la predicción de tendencias de compra, mejorando la satisfacción del cliente y reduciendo costos.

8. **Manufactura:** mejora la eficiencia operativa y la calidad del producto a través de la predicción de fallos de maquinaria y la optimización de procesos de producción.

9. **Transporte y logística:** mejora la eficiencia de las rutas de entrega y la gestión de flotas mediante la predicción de patrones de tráfico y demanda de servicios.

10. **Agricultura:** optimiza la producción agrícola mediante la predicción de condiciones climáticas, plagas y enfermedades de cultivos, mejorando la gestión de recursos y la productividad.

11. **Energías renovables:** mejora la planificación y distribución de energías como la solar y eólica mediante la predicción de patrones climáticos y la demanda de energía.

12. **Educación:** personaliza la experiencia de aprendizaje y mejora los resultados educativos mediante el análisis predictivo del rendimiento de los estudiantes y la identificación de áreas que requieren apoyo adicional.

Estas aplicaciones demuestran el vasto potencial de la analítica predictiva para transformar industrias, optimizar operaciones y mejorar la vida de las personas, subrayando la importancia crítica del *big data* en el mundo actual.

3.2. *Data mining*

☞ HILO CONDUCTOR

TextilTek desea implementar un sistema de análisis de minería de datos para utilizarlo tanto en su base de datos tradicional como en su almacén *big data*. Para esta implementación seguirán la guía de referencia CRISP-DM.

Una de las técnicas más importantes y de mayor recorrido en la analítica predictiva es el *data mining* o exploración de datos, definida como una etapa incluida, en lo que en inglés se conoce como el **proceso KDD** o *Knowledge Discovery in Databases.*

El ***data mining*** es un subproceso dentro del KDD que pretende descubrir patrones y relaciones en un conjunto de datos mediante el uso de aprendizaje automático o *machine learning,* métodos estadísticos e inteligencia artificial. El objetivo final es extraer información de los datos y transformar esta en una estructura comprensible y clasificada para su uso posterior en la toma de decisiones.

Dentro del proceso de minería de datos, varias técnicas y métodos se utilizan para descubrir patrones y conocimientos a partir de conjuntos de datos. Algunos de los componentes esenciales del *data mining* son:

- **Aprendizaje automático o *machine learning:*** es una técnica fundamental que se centra en el desarrollo de algoritmos y modelos que permiten a las máquinas aprender patrones a partir de datos y realizar tareas específicas sin intervención humana directa.
- **Estadísticas:** el análisis estadístico es crucial para identificar patrones significativos en los datos y para validar la robustez de los modelos construidos durante el proceso de minería.
- **Bases de datos:** los datos provienen de diversas fuentes, y la capacidad de acceder y manipular bases de datos es esencial para realizar un análisis efectivo.
- **Visualización de datos:** la representación visual de los resultados y patrones identificados facilita la interpretación y comprensión de los hallazgos por parte de los usuarios.
- **Procesamiento de lenguaje natural (PLN):** cuando se trabaja con datos no estructurados, como texto, el PLN es útil para extraer información significativa y descubrir patrones lingüísticos.
- **Minería de texto:** se centra en la extracción de información valiosa de documentos de texto y la identificación de patrones en grandes cantidades de datos textuales.
- ***Clustering:*** esta técnica agrupa datos similares entre sí para identificar patrones y estructuras inherentes en los conjuntos de datos.

CRISP-DM

Existen varios modelos de proceso para los proyectos de *data mining,* tales como SEMMA (en español, Muestra, Explora, Modifica, Modela y evalúa); DMAMC (Define, Mide, Analiza, Mejora, Controla) y el que a continuación se analizará por ser uno de los de mayor aplicación, el método CRISP-DM (*Cross Industry Standard for Data Mining*).

CRISP-DM constituye, por tanto, una guía de referencia que define los pasos a seguir para implementar un proyecto de *data mining.* Esta guía surgió en 1999 gracias una propuesta de un conjunto de empresas para crear una guía de libre distribución basada en el KDD.

Esta guía se puede dividir en cuatro niveles de abstracción, donde se puede diferenciar el modelo genérico, que incluye las tareas generales y las fases que a continuación se explicarán, y un modelo para los casos más específicos, que aparecerá debajo del genérico.

Esquema de los 4 niveles de CRISP-DM

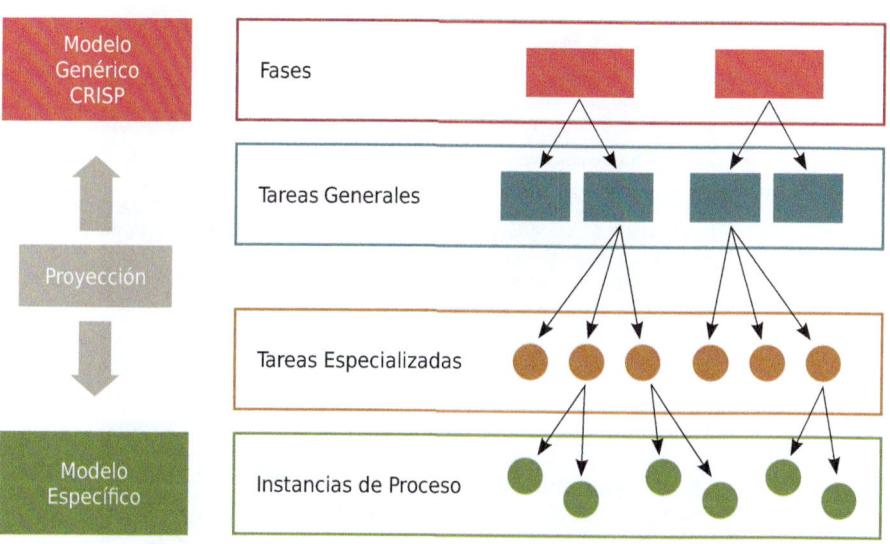

El CRISP-DM es un modelo de proceso ampliamente aceptado que proporciona una estructura estándar para proyectos de minería de datos y análisis predictivo. Diseñado para ser flexible y adaptable a proyectos en diferentes sectores, el CRISP-DM se divide en seis **fases** principales:

Comprensión del negocio
- Es la fase más importante, ya que engloba las tareas de comprender los objetivos y los requisitos del proyecto desde una perspectiva empresarial, para convertirlos en objetivos técnicos. Esto es básico, ya que, si desde un principio no se comprende lo que se quiere hacer, de poco valdrá todo lo demás.

Continúa en página siguiente >>

<< Viene de página anterior

Comprensión de los datos
- En esta fase se recolectarán los datos para conseguir tener un primer contacto con el problema y los objetivos planteados. Esta fase es la más tediosa y lenta, ya que se deben recolectar esos datos y optimizarlos. Por ello, una recomendación que se realiza es **habilitar una base de datos *ad hoc,*** destinada específicamente para lo datos con los que se van a trabajar durando el proceso de *data mining*.

Preparación de los datos
- Una vez recolectados los datos iniciales, estos se deben preparar para su análisis. Esta fase engloba la limpieza de los datos, los cambios de formatos pertinentes, la asignación de variables y la integración de los diferentes orígenes de los datos.

Modelado
- En esta fase hay que seleccionar las técnicas de modelado más efectivas para el análisis de los datos. Una vez elegidas, se genera y evalúa el modelo creado en base a los parámetros escogidos. Estos parámetros dependerán de la precisión del modelo y las características de los datos.

Evaluación
- En esta fase se debe evaluar el modelo para que cumpla con los criterios fijados y tenga una fiabilidad adecuada. Hay que tener en cuenta que la fiabilidad obtenida viene marcada por los datos analizados. Si no es la adecuada, será necesario volver a pasos anteriores para subsanar posibles errores, que incluso pueden tener su origen en la fase de comprensión del negocio.

Implantación
- Una vez realizados los ajustes necesarios para que el modelo creado sea válido, es hora de coger el conocimiento obtenido y transformarlo en decisiones y acciones en la empresa. Después de esto, el proceso no concluye, ya que hay que efectuar un mantenimiento de este modelo y documentar los resultados, de manera que los trabajadores y usuarios los entiendan. En esta fase entran en escena las distintas soluciones de visualización y presentación de datos.

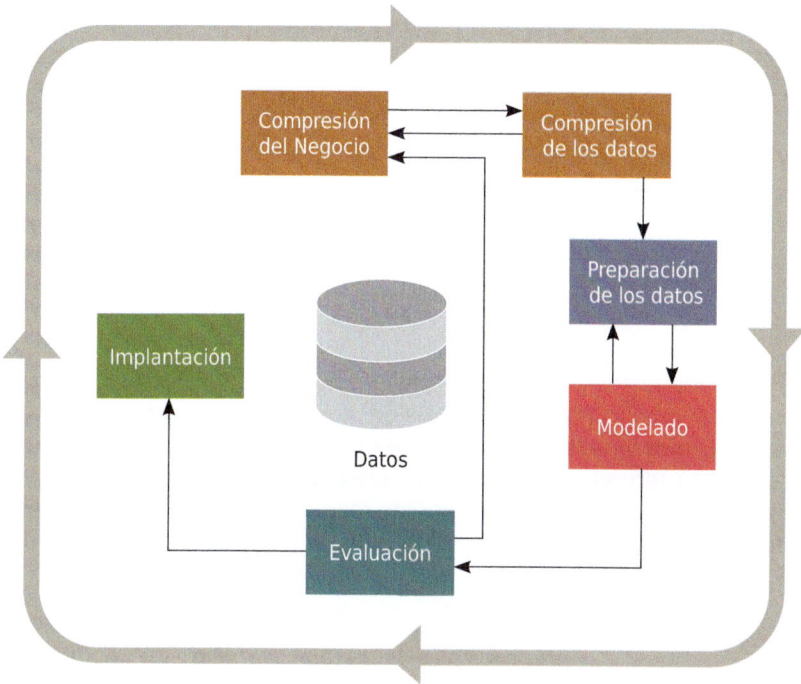

3.3. *Machine learning*

El *machine learning* es una rama que forma parte de la computación científica y de la inteligencia artificial. Su objetivo es **desarrollar técnicas que
permitan a las computadoras aprender.** Consiste en crear programas
que sean capaces de generalizar comportamientos, gracias al procesado
de información a modo de ejemplo. La idea es dotar a las máquinas con
capacidad para aprender con código que no ha sido creado para ese fin
específico.

El *machine learning* también se encarga de estudiar la complejidad para
procesar los problemas a los que se enfrenta, por lo que puede conside-
rarse como una forma de automatizar ciertas partes del **método científico**
mediante métodos matemáticos.

NOTA

Método científico
Está compuesto por un proceso dividido en una serie de pasos, ordenados para hallar conocimiento nuevo en el campo de las ciencias. Este debe basarse en la experiencia y la medición para obtener respuestas demostrables.

- -

El *machine learning* y el *data mining* **son conceptos muy cercanos en cuanto a su significado,** pero existen algunas diferencias como su orientación. El *machine learning* está más orientado al resultado final, ya que su objetivo es reproducir patrones ya conocidos (ejemplos) y realizar predicciones en base a lo que ha aprendido mediante esta serie de patrones. Por su parte, el *data mining* enfoca su objetivo en el proceso de descubrimiento de patrones desconocidos.

Proceso típico de *machine learning*

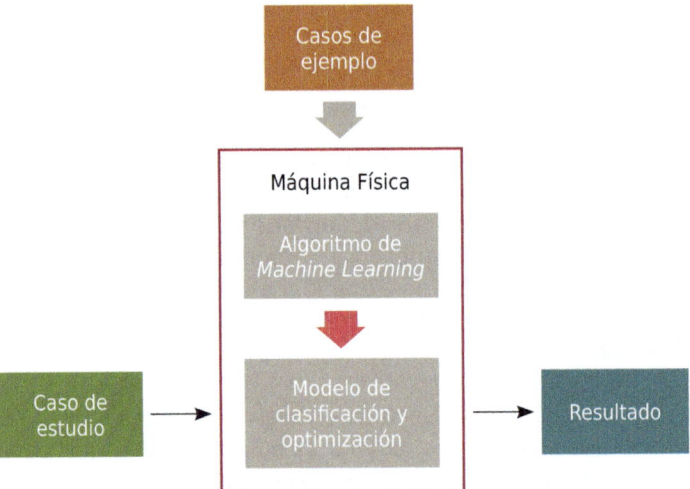

Algoritmos de aprendizaje automático

En el *machine learning* existen varios tipos de algoritmos de aprendizaje, los cuales se pueden diferenciar en tres categorías principales: **aprendizaje supervisado, aprendizaje no supervisado** y **aprendizaje de refuerzo.**

A continuación, se desarrollarán un poco más estas tres tipologías.

Aprendizaje supervisado

Con esta técnica se tratará de deducir una función capaz de predecir el valor que corresponda a cualquier elemento de entrada, gracias al estudio previo de una serie de ejemplos o datos de entrenamiento.

Estos datos de entrenamiento son normalmente pares de vectores: en una parte están los datos de entrada y en la otra los resultados. La salida que ofrece la función deducida puede ser numérica, como una regresión, o una etiqueta de clase, como los problemas de clasificación de las variables.

Para llevar a cabo este proceso, la máquina debe crear una generalización de situaciones o previstas en función de los datos de entrenamiento.

Este método es utilizado, por ejemplo, por *Facebook* para detectar los rostros de las personas que aparecen en las fotos que subimos, o también por la aplicación *Shazam,* la cual es capaz de identificar una canción solo con escucharla.

Proceso de aprendizaje supervisado

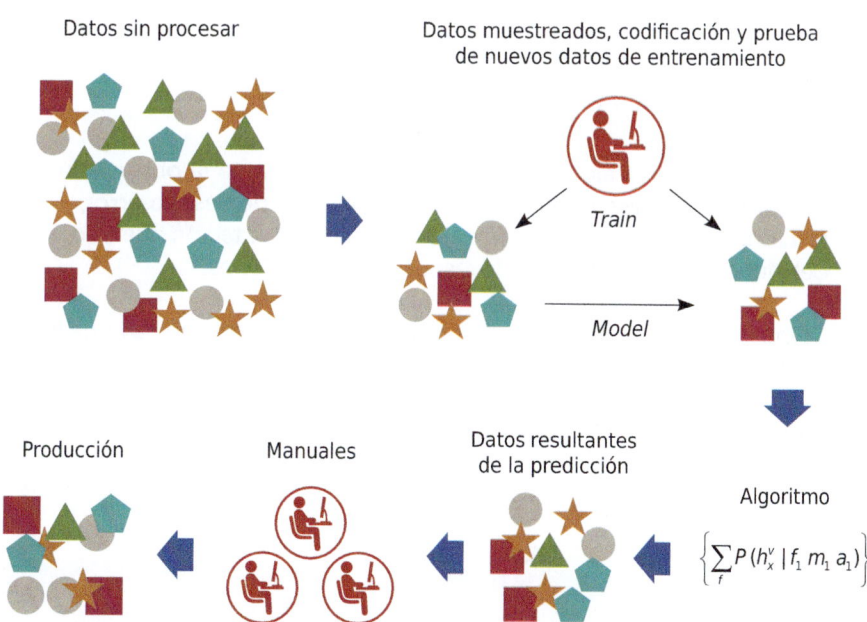

Datos sin procesar

Datos muestreados, codificación y prueba de nuevos datos de entrenamiento

Train

Model

Producción

Manuales

Datos resultantes de la predicción

Algoritmo

$$\left\{ \sum_r P(h_x^y \mid f_1\, m_1\, a_1) \right\}$$

Aprendizaje no supervisado

En este método no hay un conocimiento *a priori* proporcionado por los datos de entrenamiento, por lo que es un modelo ajustado a las observaciones. Los datos de entrada son tratados como variables aleatorias y, en lugar de construir una función de predicción, se creará un modelo de densidad.

Un ejemplo práctico de aprendizaje no supervisado es el uso que hace Netflix a la hora de realizar sugerencias a los usuarios para ver un contenido determinado o las recomendaciones de Amazon sobre la compra de productos.

Proceso de aprendizaje no supervisado

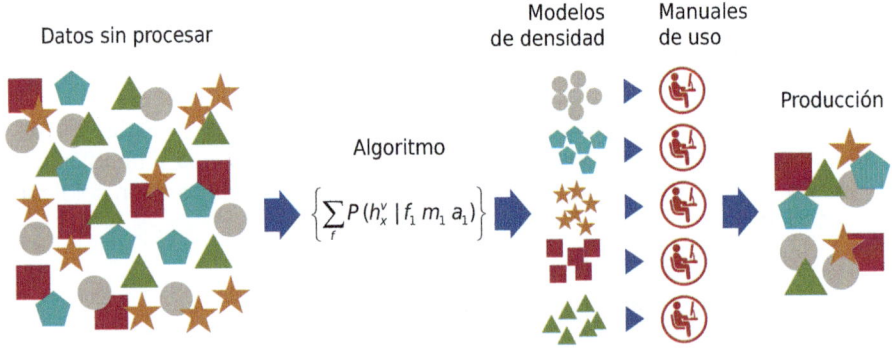

Aprendizaje por refuerzo

En este método el algoritmo debe aprender mediante la observación del mundo que lo rodea. **El sistema de aprendizaje es de ensayo-error,** ya que la información que recibe el sistema es la retroalimentación que se obtiene del mundo exterior en forma de respuesta a las acciones.

Es más genérico que los dos métodos anteriores, ya que no hay una figura de instructor que indique qué debe hacer el algoritmo, sino que este debe aprender cómo se comporta el entorno mediante la retroalimentación, que puede ser positiva o negativa.

Proceso de aprendizaje por refuerzo

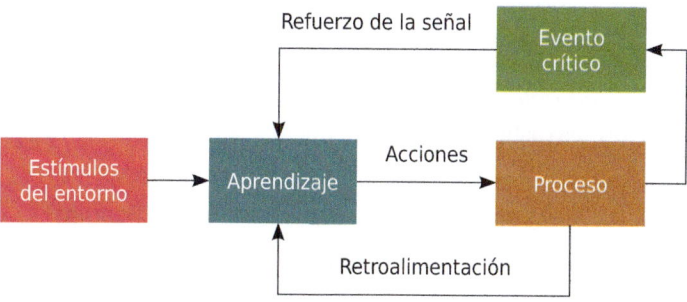

3.4. Técnicas de *data mining* y *machine learning*

☞ HILO CONDUCTOR

Dado que son conceptos similares, TextilTek se valdrá de algunas de estas técnicas para llevar a cabo su estrategia. Algunas de las más interesantes pueden ser los árboles de decisión, que proporcionan de forma ordenada y ramificada posibles soluciones, las reglas de asociación para descubrir la relación entre ciertas situaciones que se pueden dar o los algoritmos genéticos, para que mediante procesos iterativos la empresa pueda mejorar en sus áreas y toma de decisiones.

- -

Ya has visto que los conceptos de *data mining* y *machine learning* tienen muchas cosas en común. Si bien cada uno está orientado a una filosofía ligeramente distinta, ambos se nutren el uno del otro.

Entre sus características comunes están las técnicas de clasificación de los datos que utilizan, las cuales las conocerás a continuación.

Redes neuronales

Este método está basado en el concepto de red de neuronas de un animal, por lo que la idea es construir un modelo que emule el aprendizaje del ser humano. **El sistema enlaza elementos que simulan neuronas, los cuales interactúan para producir estímulos en la salida.** Las conexiones de estas tienen un valor numérico adaptable según la experiencia, por lo que cada neurona puede adaptarse y aprender. Es un método de aprendizaje no supervisado.

Un concepto relacionado es el *deep learning* o aprendizaje profundo. Al igual que las redes neuronales, se basa en asimilar representaciones de datos de formas distintas para aprender más sobre ellos.

Esquema de una distribución en red neuronal

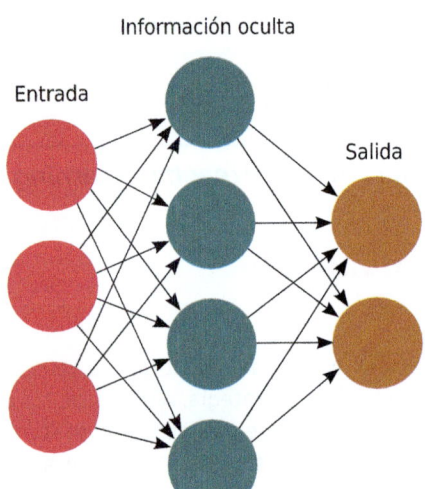

Un ejemplo de su uso lo proporciona *Google,* que utiliza este método para reconocer los números de las calles en las imágenes que tomaban los vehículos para modelar *Street View.*

Árboles de decisión

Este método se basa en definir un conjunto de decisiones que generan reglas para clasificar un conjunto de datos. Sobre estos se realizarán bifurcaciones como si de un árbol se tratara, para obtener distintas posibilidades de decisión.

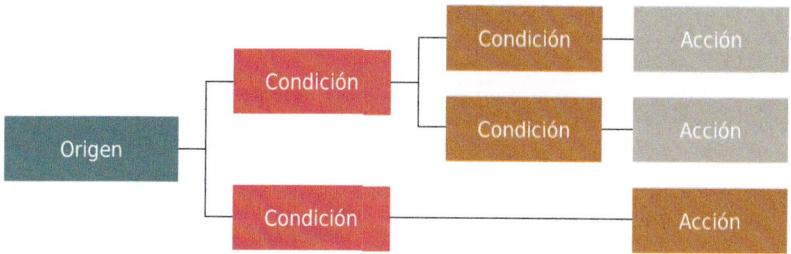

Un ejemplo es el juego Akinator, que consiste en que el programa adivine un personaje mediante la realización de una serie de preguntas, en las que se van descartando opciones hasta llegar a una pregunta final.

Algoritmos genéticos

Se basa en aplicar técnicas de optimización basadas en la combinación genética y las mutaciones, y la selección natural. Mediante estos mecanismos basados en la biología, se pretende buscar conjuntos de parámetros que describan de la forma mejor posible una función de predicción.

La técnica utiliza un **proceso iterativo** de selección que, en cada generación de un nuevo modelo, se compara con los anteriores y prevalece el mejor, como si de selección natural se tratara.

Esquema de ejemplo de un algoritmo genético

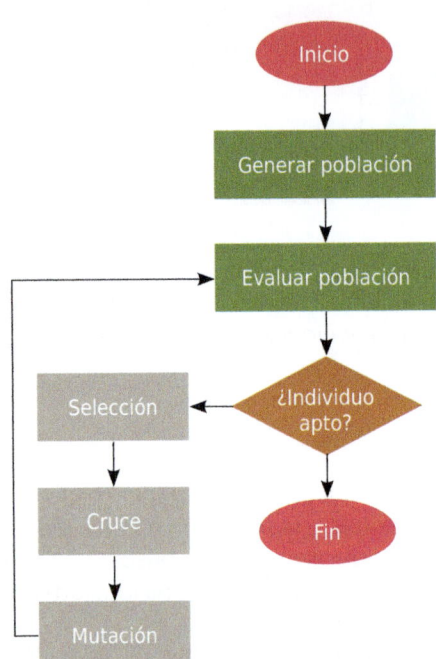

Reglas de asociación

Mediante este método se pretende descubrir relaciones entre variables y descubrir información dentro de un determinado conjunto de datos.

Algoritmos de *clustering*

Este método forma parte de los métodos de aprendizaje no supervisado. Por lo tanto, **clasifica las observaciones en distintos grupos de nubes de datos que tengan semejanzas entre ellos.** Es una técnica típica de análisis estadístico.

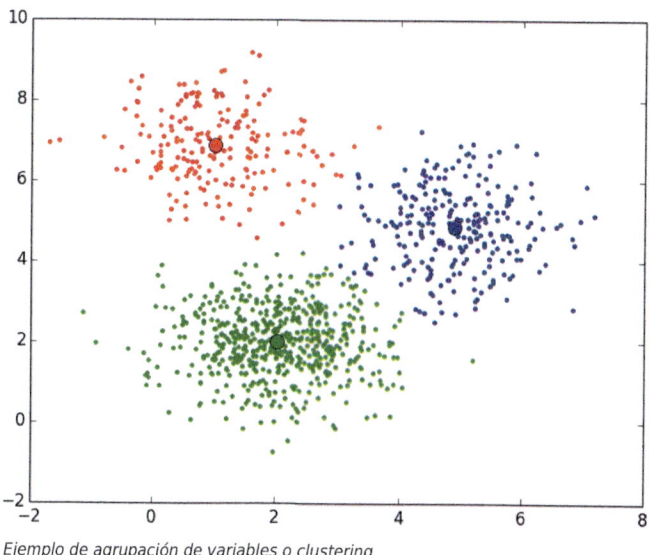

Ejemplo de agrupación de variables o clustering

Redes bayesianas

Son modelos en forma de grafos que representan un conjunto de **variables aleatorias** y la dependencia condicional entre ellas mediante un **DAG** (Grafo Acrílico Dirigido).

Una red bayesiana puede representar las relaciones probabilísticas que existen entre una enfermedad, sus causas y sus síntomas.

Ejemplo de red bayesiana

Zona origen

Tipo sanguíneo

Paludismo

Fiebre

Gota gruesa

Vectores de soporte

Los llamados *máquinas de vectores de soporte (MVS)* son unos métodos de aprendizaje supervisado que se utilizan para regresión. **Se usan unos ejemplos o datos de entrenamiento clasificados en dos categorías.** Por ejemplo, X e Y. **Con ellos se construye un modelo que predice si un modelo pertenece a una categoría u otra;** de esta forma, se pueden elaborar los algoritmos de predicción.

Representación de vectores de soporte

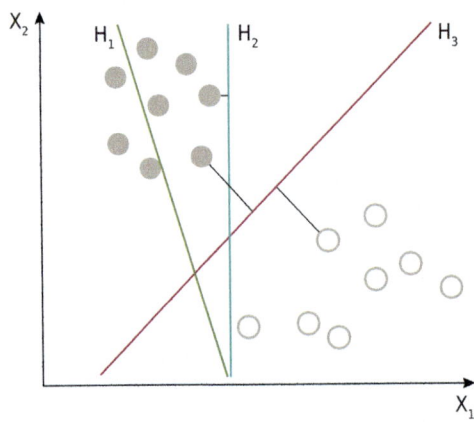

3.5. Otras técnicas de analítica avanzada

👉 **HILO CONDUCTOR**

Algunas de estas técnicas también son muy interesantes para llevarlas a cabo en TextilTek, como el análisis visual de datos, por su representación de datos de forma sencilla; el análisis de sentimientos, para su uso en las redes sociales, o el análisis de imágenes, ya que su mercado de ventas se basa mucho en la imagen que ofrecen sus prendas de vestir.

En el ámbito de la analítica avanzada, varias técnicas están ganando tracción y se consideran tendencias debido a su innovador enfoque y aplicación en resolver problemas complejos de datos. Aquí hay algunas técnicas de vanguardia:

- **Simulación de Monte Carlo:** es una técnica de probabilidad matemática que mide el riesgo de que un hecho se vaya a producir. Resulta interesante para evaluar las implicaciones que puede tener una decisión tomada en las distintas áreas o ámbitos que afectan a esa decisión.
- **Test de análisis A/B:** son técnicas que se usan en el marketing para analizar la reacción de los clientes a un mensaje determinado. Se utiliza para ver qué respuesta tendrá el lanzamiento de un nuevo producto.
- **Análisis de imágenes:** son técnicas que extraen información de imágenes y grafos. Es utilizado para la detección de enfermedades en el análisis de radiografías y otros documentos, y en seguridad gracias al análisis facial.
- **Análisis de vídeos:** además de las soluciones que ofrece la detección de imágenes, mediante el análisis de vídeos también se puede analizar el comportamiento humano mediante gestos y acciones grabadas.
- **Análisis de voz:** el análisis de voz puede servir para entender conversaciones en otros idiomas o analizar conversaciones telefónicas en busca de delitos y autores.
- **Procesamiento del Lenguaje Natural (PLN) Avanzado:** con el avance de modelos como Transformers y BERT, el PLN ha visto mejoras significativas en comprensión y generación de texto, análisis de sentimientos, y traducción automática, impulsando aplicaciones innovadoras en *chatbots,* asistentes virtuales, y análisis de texto.
- **GPT (*Generative Pre-trained Transformer):* los modelos GPT, especialmente las versiones más recientes, han revolucionado el campo del PLN con su capacidad para generar texto coherente y relevante, responder preguntas, y realizar tareas de comprensión de texto con poca o ninguna personalización específica del dominio.
- **Explainable AI (XAI):** a medida que los modelos de *machine learning* y AI se vuelven más complejos, surge la necesidad de interpretar y entender cómo estos modelos toman decisiones. XAI se enfoca en técnicas y métodos para hacer que los resultados de los modelos sean comprensibles para los humanos.
- **Edge AI:** refiere a la implementación de algoritmos de inteligencia artificial directamente en dispositivos de borde *(edge devices),* como teléfonos móviles o cámaras de seguridad, permitiendo el procesamiento de datos y toma de decisiones en tiempo real sin necesidad de conectarse a la nube.
- ***Quantum Machine Learning:*** combina principios de computación cuántica con algoritmos de *machine learning.* Aunque aún está en sus fases iniciales, promete revolucionar la velocidad y capacidad de procesamiento para ciertos tipos de problemas de datos.
- ***Graph Neural Networks*** **(GNN):** las redes neuronales basadas en grafos son efectivas para procesar datos estructurados como grafos, útiles en sistemas de recomendación, análisis de redes sociales, y modelado de interacciones moleculares en bioinformática.

Estas técnicas destacan el avance rápido y la diversidad de enfoques en el campo de la analítica avanzada y el aprendizaje automático, cada una abriendo nuevas posibilidades para la exploración de datos y la solución de problemas complejos en industrias y campos de investigación.

 ACTIVIDAD COMPLEMENTARIA

8. Mediante esta actividad se pretende que veas por ti mismo la extensión de las técnicas de *data mining* y *machine learning* en su uso e, incluso, la existencia de empresas dedicadas a dar soluciones comerciales de este tipo.

   Busca algún ejemplo de su uso o alguna empresa que las utilice o que se dedique a ofrecerlas como servicio a los clientes. Te puedes ayudar entrando en las siguientes páginas web:

Listado de empresas por actividad

https://redirectoronline.com/ifct128po0601

Continúa en página siguiente >>

<< Viene de página anterior

Casos de uso de *data mining*	Ejemplos de uso de *machine learning*

https://redirectoronline.com/ifct128po0602	*https://redirectoronline.com/ifct128po0603*

4. Analítica prescriptiva

☞ **HILO CONDUCTOR**

Como paso definitivo, TextilTek pretende complementar las técnicas descriptivas y predictivas con las que cuenta con unas que son capaces de nutrirse de ellas, y así poder directamente aconsejar sobre qué caminos son los más adecuados en base a los datos analizados. Gracias a la analítica prescriptiva, TextilTek podrá tomar las mejores decisiones sin que sea necesario tener que evaluarlas de forma manual.

Ya has visto como las técnicas de análisis de los datos permiten mejorar la gestión de los negocios, gracias a una mejor toma de decisiones en base a la información que facilitan estas técnicas.

Mediante la analítica descriptiva puedes ver de un vistazo cómo va el negocio con todo lujo de detalles. Con la analítica predictiva puedes anticiparte a los acontecimientos que van a ocurrir de cierta manera o, al menos, dotar la toma de decisiones de proactividad.

Pero aún existe un tercer nivel de analítica que hace la función de extensión de los dos procesos anteriores. Se trata de **la analítica prescriptiva,**

que es capaz de conseguir una conexión detallada y una integración más profunda con el negocio.

Mediante esta técnica es el propio sistema el que realiza recomendaciones sobre las decisiones o acciones que se deben seguir y que son las mejores para el negocio. Por tanto, va un paso más lejos que la analítica predictiva, ya que, en este caso, no solo se proporciona la información para trabajar con ella, sino que además busca el mejor camino que se debe tomar.

Algunos de los casos de aplicación son los siguientes:

Planificar
- Gracias al análisis prescriptivo se pueden diseñar calendarios optimizados para operaciones de logística o para el flujo de trabajo en una empresa.

Diseñar estrategias de precios
- Otra gran utilidad es la de decidir los mejores precios para productos en base a su demanda y sus características, para así obtener el máximo beneficio con la máxima aceptación por parte de los clientes.

Planificar en mantenimiento predictivo
- Diseñar y optimizar un proceso de mantenimiento predictivo es una de las aplicaciones más interesantes que tiene la analítica predictiva, ya que en la subsanación de problemas se invierte mucho dinero y tiempo, y contar con un método proactivo de mantenimiento es algo fundamental.

Cálculo de afluencias de público
- También es útil para evaluar la cantidad de personas que pueden asistir a un evento en función de las condiciones y características que este tenga; de esta forma, se podrá disponer del personal necesario y las condiciones óptimas.

La **analítica prescriptiva** es una técnica que, además de tener en cuenta la información disponible del negocio, también evalúa qué impacto podrían tener las decisiones que se tomen. Por ello, evalúa cada una de ellas en base a las restricciones y consideraciones que hay que tener en cuenta en cada una de las acciones a realizar.

En resumen, un sistema prescriptivo recopila la información del negocio, predice las acciones y acontecimientos en base a esos datos y determina qué decisión o política es mejor mediante un proceso de optimización.

4.1. Sistemas de gestión de reglas de negocio

En la analítica prescriptiva existen dos corrientes principales para llevar a cabo esta automatización en la toma de decisiones. La primera que verás son los sistemas de gestión de reglas de negocio.

Hay ocasiones en las que el proceso de la toma de decisiones se realiza de forma sistemática. Por ejemplo, a partir de la información de un conductor se sabe qué precio de seguro de automóvil va a resultar.

Pero el hecho de que la **toma de decisiones sea sistemática** no implica que haya sido **sencilla,** ya que las reglas de negocio que hay detrás de esta rápida decisión pueden llegar a ser realmente complejas e implicar una gran cantidad de flujos de decisión para encontrar el más adecuado para el negocio y el cliente.

Por este motivo, los sistemas de gestión de reglas de negocio son capaces de implementar estas políticas de decisión de forma más sencilla e, incluso, en **lenguaje natural.**

 **EJEMPLO**

Las reglas de negocio existen en todas partes. Un ejemplo fácil de entender pueden ser las condiciones que se crean para decidir el precio de un seguro de automóvil. Cuando introduces tus datos en un buscador de seguros, este te calcula los precios de distintos seguros en función de los mismos. Una de las condiciones puede ser la siguiente:

«Si el conductor tiene más de 10 años de experiencia en el carnet de conducir, entonces restar 50 euros al seguro anualmente».

Dentro de esta simple decisión existe un análisis estadístico previo que evalúa a miles de conductores según la antigüedad y el índice de siniestralidad, logrando determinar así esta **regla de negocio.**

Existen multitud de reglas de negocio cuya función es evaluar las posibles decisiones en base a distintas condiciones, lo cual es esencial para los negocios, y una función muy importante la tiene el *big data* y su capacidad para obtener y analizar datos.

4.2. Optimización matemática

La segunda de las disciplinas es la llamada **optimización matemática,** la cual está compuesta por una serie de técnicas y algoritmos matemáticos, que son capaces de representar las distintas restricciones que hay que tener en cuenta durante la toma de decisiones. Esta disciplina se encarga concretamente de buscar las mejores decisiones en base al contexto que forman las restricciones impuestas.

La optimización matemática **surge como necesidad ante los procesos de decisión que no son sistemáticos,** sino que la decisión que se debe tomar está enmarcada en un contexto definido por restricciones. Estas restricciones marcan las condiciones que se deben cumplir para que una decisión sea válida.

Pero **para valorar la calidad de una decisión** frente a las restricciones impuestas, **debe existir una función objetivo** que distinga entre decisiones simplemente válidas y las mejores.

 **EJEMPLO**

Para poder comprender mejor qué es un contexto, supón que existe un problema de retrasos en los pedidos de una serie de clientes en la empresa TextilTek. Para poder tomar una decisión correcta sobre priorizar unos pedidos u otros, el encargado de logística debe tener en cuenta los cambiones con los que cuenta, el lugar al que va cada uno de los pedidos, saber si algunos son especialmente frágiles o necesitan de ciertas condiciones de transporte. Además, debe conocer las reglas de tráfico y la disponibilidad de los trabajadores, etc. Toda esta información define el contexto del problema a tratar, así como las restricciones que imponen cada una de las posibilidades a tener en cuenta.

Como habrás deducido, el encargado de logística no solamente tiene una opción válida para tomar una decisión, y cada una de las posibles decisiones serán mejores o peores en base a los criterios con los que se evalúen, distancia de los pedidos, combustible, etc. A esto se le llama **función objetivo.**

 **TAREA 7**

Como has visto, para finalizar con la implantación del *big data* y completar la integración de este en la toma de decisiones, la empresa TextilTek se dispone a implementar técnicas de analítica predictiva y prescriptiva para complementarlas con las técnicas descriptivas con las que ya cuenta.

Realiza una serie de actividades para ayudar a TextilTek a elegir e implementar de forma adecuada este tipo de analítica de datos.

- a. Describe brevemente alguna aplicación para la analítica predictiva que pueda ayudar a la empresa a ser más competitiva. Por ejemplo, para maximizar ventas en su página web, mejorar la logística de pedidos, aumentar las ventas en sus tiendas físicas, mejorar en alguna de sus áreas internas o tener una mejor relación con sus clientes y sus gustos.
- b. Describe cómo debería implantarse la técnica de *data mining* según la metodología CRISP-DM, en el caso donde hayas elegido realizar la analítica predictiva en el apartado anterior.
- c. Para el caso del apartado a o para otro distinto, ¿qué algoritmo de aprendizaje automático sería el más adecuado? ¿Por qué?
- d. ¿Qué técnicas de clasificación de datos crees que son más interesantes para el caso en el que has elegido implantar la analítica predictiva?
- e. Finalmente, como puedes integrar la analítica prescriptiva en el caso elegido (o en otro distinto) con la predictiva para tomar las decisiones que esta recomiende, ¿vas a utilizar la optimización matemática o los sistemas de gestión de reglas de negocio?

5. Resumen

La **analítica avanzada** se define como una serie de técnicas matemáticas y de estadística, como el aprendizaje computacional, capaces de extraer información de grandes cantidades de datos, con el objetivo de predecir resultados y encontrar las mejores decisiones a tomar.

La **analítica predictiva** se suele utilizar para el ámbito de los negocios y ayuda mediante estos modelos a identificar posibles riesgos y oportunidades de cara a la obtención de una ventaja competitiva de los negocios.

Proceso de aprendizaje por refuerzo

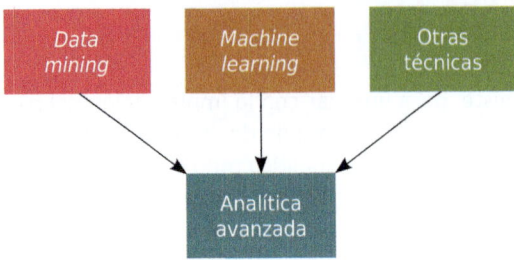

El *data mining* es un proceso que trata de descubrir patrones en los grandes conjuntos de datos, que implica el uso de aprendizaje automático, métodos estadísticos e inteligencia artificial en los sistemas de bases de datos. El objetivo es extraer información de los datos y transformar esta en una estructura comprensible para su uso posterior. Según la guía de referencia CRISP-DM, los pasos a seguir para implementar un proyecto de *data mining* son:

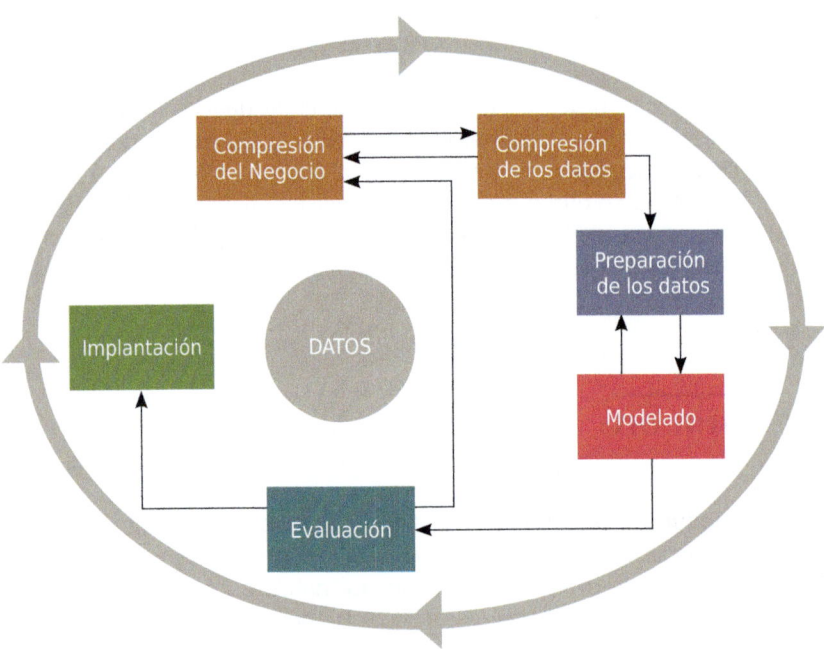

El *machine learning* es una rama que forma parte de la computación científica y de la inteligencia artificial, cuyo objetivo es desarrollar técnicas que permitan a las computadoras aprender. Los algoritmos de aprendizaje se pueden dividir en:

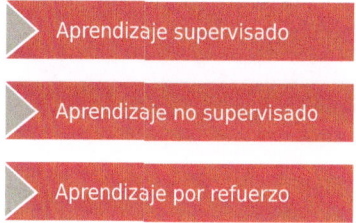

El *data mining* y el *machine learning* comparten las técnicas de análisis, ya que son conceptos similares, pero con filosofía diferente.

Mediante la **analítica prescriptiva** es el propio sistema de análisis el que realiza recomendaciones sobre las decisiones o acciones que se deben seguir y que son las mejores para el negocio. Por tanto, va un paso más lejos que la analítica predictiva, ya que, en este caso, no solo se proporciona la información para trabajar con ella, sino que además busca el mejor camino que se debe tomar. Existen dos corrientes:

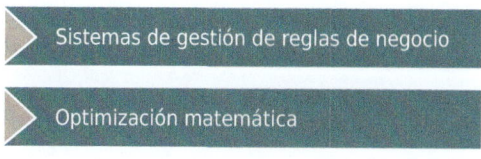

Ejercicios de autoevaluación
Unidad de Aprendizaje 6

1. **Selecciona la afirmación correcta sobre la analítica avanzada.**

   a. Para utilizar la analítica avanzada es necesario contar con tecnología *big data*.
   b. La analítica avanzada es capaz de extraer información de grandes cantidades de datos para mejorar la toma de decisiones.
   c. La analítica avanzada engloba solo las distintas técnicas predictivas.
   d. Gracias a la analítica avanzada se puede representar en tiempo real la situación de un negocio.

2. **Indica cuál de las siguientes afirmaciones sobre la analítica predictiva son verdaderas o falsas.**

   a. En el análisis predictivo se utilizan técnicas de modelación estadística.

   ■ Verdadero
   ■ Falso

   b. Un objetivo del análisis predictivo es coger solo datos históricos para realizar predicciones.

   ■ Verdadero
   ■ Falso

   c. El análisis predictivo busca patrones y modelos acerca de acciones y acontecimientos futuros.

   ■ Verdadero
   ■ Falso

   d. El análisis predictivo realiza recomendaciones sobre qué acciones son mejores y peores para la empresa.

   ■ Verdadero
   ■ Falso

3. Indica cuáles de las siguientes afirmaciones pertenecen al *data mining*.

    a. El *data mining* es una etapa dentro del proceso KDD.
    b. KDD es una etapa dentro del proceso del *data mining*.
    c. Durante el preprocesamiento, los datos se transforman en un conjunto adecuado para llevar a cabo el análisis.
    d. Un tipo de minería de datos es el modelo de segmentación.

4. Indica cuál de las siguientes afirmaciones sobre el método CRISP-DM son verdaderas o falsas.

    a. En la fase de modelado se elige la técnica de *data mining a utilizar*.

      ■ Verdadero
      ■ Falso

    b. En la fase de preparación de los datos hay que recolectar estos.

      ■ Verdadero
      ■ Falso

    c. La fase de comprensión de los datos incluye la limpieza de los datos y cambios de formato.

      ■ Verdadero
      ■ Falso

    d. En la fase de implantación se coge el conocimiento obtenido y se transforma en decisiones.

      ■ Verdadero
      ■ Falso

5. El *machine learning*...

a. ... consiste en crear programas que sean capaces de generalizar comportamientos gracias al procesado de información a modo de ejemplo.

b. ... está basado en el método científico.

c. ... tiene como objetivo desarrollar técnicas que permitan a las computadoras detectar patrones y modelos.

d. ... está más orientado al proceso de descubrimiento de patrones de datos desconocidos.

6. Indica cuáles de estas afirmaciones son verdaderas o falsas.

a. El aprendizaje supervisado se basa en el estudio previo de ejemplos para deducir una función de predicción.

■ Verdadero
■ Falso

b. El aprendizaje no supervisado se basa en el estudio previo de ejemplos para deducir una función de predicción.

■ Verdadero
■ Falso

c. En el aprendizaje no supervisado los datos en entrada son tratados como variables aleatorias.

■ Verdadero
■ Falso

d. En el aprendizaje por refuerzo se utiliza el método de ensayo-error.

■ Verdadero
■ Falso

7. Señala cuáles de las siguientes afirmaciones son correctas.

    a. En las redes neuronales se utiliza un proceso iterativo de selección que compara cada nuevo modelo con los anteriores y prevalece el mejor.

    b. Los algoritmos de *clustering* clasifican las observaciones en distintos grupos de nubes de datos.

    c. Los algoritmos genéticos enlazan elementos que simulan neuronas, los cuales interactúan para producir estímulos en la salida.

    d. Los arboles de decisión definen un conjunto de decisiones que generan reglas para clasificar un conjunto de datos.

8. ¿Cuál de los siguientes algoritmos se considera un método de aprendizaje no supervisado?

    a. Regresión lineal

    b. Árboles de decisión

    c. *Clustering*

    d. Redes neuronales

9. Selecciona las respuestas correctas sobre la analítica prescriptiva.

    a. Evalúa el impacto que tendrán las decisiones que se tomen.

    b. Se utiliza cuando la toma de decisiones debe ser sistemática.

    c. Realiza recomendaciones sobre las decisiones o acciones.

    d. Utiliza la optimización matemática para definir las reglas de negocio.

10. Indica cuáles de estas afirmaciones sobre la analítica prescriptiva son verdaderas o falsas.

    a. La analítica prescriptiva proporciona conocimiento sobre las posibles decisiones que se pueden tomar.

        ■ Verdadero

        ■ Falso

b. Las reglas de negocio son necesarias para evaluar cada decisión a tomar.

- ■ Verdadero
- ■ Falso

c. La analítica prescriptiva toma modelos y patrones para hacer predicciones y mostrar recomendaciones sobre las decisiones que se deben tomar.

- ■ Verdadero
- ■ Falso

d. La optimización matemática tiene en cuenta distintas restricciones para separar decisiones válidas de decisiones óptimas.

- ■ Verdadero
- ■ Falso

Glosario

Ad Hoc
Que está hecho especialmente para un fin determinado o pensado para una situación concreta.

Algoritmo
Conjunto ordenado de operaciones de forma sistemática que permiten hacer un cálculo y hallar la solución a un tipo de problema.

Análisis multidimensional
También conocido como análisis del hipercubo, organiza la información que se quiere evaluar según los distintos parámetros que se consulten, que serán más de dos, (por eso la forma de cubo), para obtener la información que se desea.

Analítica de datos
Es la ciencia que examina datos en bruto con el propósito de sacar conclusiones sobre la información.

Apache
Es un servidor web de código abierto que implementa la noción de sitio virtual conocida como página web.

Base de datos
Se define como un sistema formado por un conjunto de datos almacenados en dispositivos que permiten el acceso a ellos y el conjunto de programas que manipulan ese conjunto de datos.

Base de datos en memoria (IMBD)
Es una base de datos donde los datos se almacenan en la memoria principal del sistema, la cual es más rápida en sus tiempos de respuesta. Los datos que van a ser usados se cargan en esta memoria de forma comprimida y no relacional, para ganar velocidad de consulta. Gracias al abaratamiento de

las memorias RAM, el multiprocesamiento y el ancho de banda a 64 bits han facilitado estos medios.

Base de datos multidimensional
En estas bases de datos los campos de las tablas pueden ser de dos o más tipos, para así simular dimensiones, pero la arquitectura de tablas es la misma.

Batch
También conocido en informática como sistema por lotes, se refiere a la ejecución de un programa sin un control o supervisión directa del usuario de este programa; en su caso, existe un fichero con las instrucciones para realizar estas tareas.

Byte
Es la unidad de información compuesta generalmente por ocho bits o una secuencia de ocho caracteres compuesta por ceros y unos.

Ciudad inteligente
Es una ciudad que aplica las tecnologías de la información y de la comunicación (TIC) para proveerla de infraestructuras que garanticen un desarrollo sostenible, un incremento de la calidad de vida de los ciudadanos y una mayor eficacia de los recursos disponibles.

Clúster
Es un conjunto de ordenadores unidos entre sí por una red de alta velocidad que se comportan como si fueran una única computadora.

Codificación
Método que permite convertir un carácter de un lenguaje natural o también en símbolos de otro sistema de representación como, por ejemplo, impulsos eléctricos.

Commodity hardware
Se trata de computación hecha en computadoras básicas para obtener la mayor cantidad de cálculos útiles a bajo coste.

Computadora
Máquina electrónica que mediante determinados programas permite almacenar y tratar información, y resolver problemas.

Data-Driven
Es una filosofía empleada por algunas empresas que se basa en la toma de decisiones estratégicas basadas en análisis de datos e interpretación.

Data management
Trata de establecer una serie de funciones básicas para estructurar la gestión de los datos en una organización.

Dispositivo inteligente
Dispositivo electrónico que puede funcionar hasta cierto punto de manera interactiva y autónoma.

Era de la información
También conocida como era de la informática o era digital, es el nombre que recibe el período de la historia que maneja de forma cotidiana tecnologías de la información y la comunicación.

Estadística
Rama de las matemáticas que utiliza grandes conjuntos de datos numéricos para el cálculo de probabilidades.

Feedback
Es el mecanismo por el que un emisor recoge la reacción de los receptores a una información y modifica el mensaje.

Formato de datos
Es el estándar que define la forma en que la información está codificada en un archivo informático.

Función objetivo
En analítica prescriptiva, representa cada una de las posibles decisiones y las condiciones por las que estas serán mejores o peores en base a los criterios con los que se evalúen.

Gestión de datos
Realizar operaciones con los datos para obtener valor de ellos.

Hardware
Conjunto de aparatos físicos que componen una computadora.

Implementación
Poner en funcionamiento una cosa o llevar a cabo una acción determinada.

Informática en la nube
Consiste en proporcionar servicios informáticos como servidores, bases de datos, almacenamiento, software o análisis de datos a través de Internet o la nube. Las empresas que ofrecen este servicio se llaman proveedores de la nube y cobran en función de los servicios que contraten otras empresas.

Inteligencia artificial
Disciplina científica que se ocupa de crear programas informáticos que son capaces de ejecutar operaciones comparables a las que realiza la mente humana, como son el aprendizaje o el razonamiento lógico.

Interactivo
Es una solución o programa que permite una interacción a modo de diálogo entre una computadora y un usuario.

Internet
Red informática mundial y descentralizada, formada por la conexión directa entre computadoras mediante un protocolo de comunicación.

Internet de las cosas
Es el concepto de interconexión digital de objetos cotidianos con internet, ya sean electrodomésticos, automóviles u objetos que porten las propias personas.

Lenguaje JSON
Es el acrónimo de *JavaScript Object Notation,* un lenguaje de intercambio de datos.

Lenguaje de programación
Es un lenguaje escrito y formado por un conjunto de reglas que es capaz de especificar diferentes instrucciones comprensibles para una máquina. Mediante estos lenguajes se escriben programas que pueden controlar el comportamiento físico y lógico de una máquina y dotarla de funcionalidad y de cierta inteligencia. Cada uno de los lenguajes existentes contienen unas reglas diferentes y una estructura propia. Además, están orientados a objetivos distintos, interfaces gráficas, operaciones matemáticas, análisis estadístico como R, etc.

Marketing
También llamado mercadotecnia, es un conjunto de principios y prácticas que buscan el aumento de ventas y la mejora del comercio entre consumidores y empresas.

Modelo de datos
Es un lenguaje que describe el tipo de datos que hay en una base de datos y la forma en que estos se relacionan, el conjunto de condiciones que deben cumplir estos datos para reflejar una realidad determinada y las distintas operaciones de manipulación de los datos.

Motor de búsqueda
Es un sistema informático que trata de buscar archivos almacenados en servidores web.

Neuromarketing
También conocido como *marketing* emocional, es una ciencia que estudia e investiga los comportamientos del cerebro humano durante un proceso de compra.

Nodo
Punto de intersección o unión de varios dispositivos que confluyen en un mismo lugar. En las redes informáticas cada una de las máquinas son nodos.

NoSQl
Es un conjunto de clases de sistemas de gestión de bases de datos que no contienen una estructura relacional como las bases de datos tradicionales, y que no usan el lenguaje SQL como lenguaje de consultas. Los datos no necesitan estructuras como tablas para ser almacenados.

Online
Significa el hecho de que algo está conectado a internet.

Patrón de datos
Estructuras de datos que se repiten de forma recurrente.

Procesado de datos
Es la acumulación y la manipulación de datos para producir información útil.

Querying
Es la acción de preguntar, de solicitar información a alguien o a algún sistema.

Regla de negocio
Describe las políticas, operaciones, normas o restricciones que existen en una organización y que son esenciales para alcanzar los objetivos planteados.

Reporting
Es la acción de proporcionar información útil por parte de un sistema o entorno.

Sensor
Dispositivo que detecta una acción externa como la temperatura o la presión, y la convierte en información procesable.

Servidor web
Es un programa informático que realiza conexiones con un cliente, generando o cediendo una respuesta en cualquier lenguaje que posteriormente será procesado por un navegador web para mostrar la información.

Sistema de ficheros
Estructuras de datos y métodos que un sistema operativo utiliza para rastrear los datos almacenados y la manera en que estos se organizan.

Software
Conjunto de programas que permiten a una computadora realizar tareas.

Software libre
Son los programas que dan libertad a los usuarios para mejorarlos, utilizarlos, distribuirlos y ejecutarlos sin necesidad de pagar para ello.

SQL
Lenguaje desarrollado por IBM para el acceso y consulta de bases de datos relacionales, con el fin de poder extraer información y, además, modificarla.

Stakeholder
Es la parte interesada que hace referencia a una entidad, como una persona o una organización, que muestra interés en otra organización como, por ejemplo, trabajadores, accionistas, clientes, etc.

Streaming
Es la distribución digital de contenido a través de una red de computadoras que es posible ser utilizada a la vez que se descarga.

Técnica de análisis
Sirve para determinar si existe una relación entre varios elementos de forma que genere algo nuevo o desconocido hasta el momento.

Tecnologías de la información
Es la capacidad de computadoras y equipos para almacenar, recuperar, transmitir y manipular datos.

Tiempo real
Capacidad que tiene un sistema digital para interactuar activamente con el entorno en vivo o en el mismo instante.

Ventaja competitiva

Cualquier característica de una organización que diferencia a otras, colocándola en una posición relativa superior para competir.

Web 2.0

Comprende aquellos sitios web que facilitan la interoperabilidad y la colaboración entre los usuarios, como creadores de contenido en una comunidad virtual.

Bibliografía

Monografías

→ CANO, J. L.: *Business Intelligence: competir con información.* [s.l.]: Banesto, Fundación Cultural, 2007.

> En esta obra se explica en qué consiste el *business intelligence* desde el punto de vista de la implementación de proyectos de BI. Aporta información orientada a directivos de pymes que deseen entrar en el mundo del BI.

→ DEROOS, D.: *Hadoop for dummies.* Candá: John Wiley & Sons, Inc., 2014.

> Este libro ofrece una completísima guía técnica sobre *Hadoop,* sobre cómo implementarlo, usarlo y toda su arquitectura.

→ GARGÍA-ALSINA, M.: *Big Data. Gestión y explotación de grandes volúmenes de datos.* Barcelona: UOC. 2017.

> Esta interesante y completa obra habla sobre los conceptos fundamentales del *big data* y de cómo gestionar y crear valor con grandes volúmenes de datos.

→ GÉRON, A.: *Hands-on machine learning with Scikit-Learn, Keras, and Tensorlow.* O'Reilly Media, Inc., 2022.

> Este libro ofrece una guía práctica y detallada para aprender sobre aprendizaje automático utilizando algunas de las bibliotecas más populares en *Python.*

→ MALDONADO, S., y VAIRETTI, C.: *Analytics y big Data. Ciencia de los datos aplicada al mundo de los negocios.* Madrid: Canopus Editorial Digital S. A., 2022.

> Para comprender la aplicación práctica del *big data* en el contexto empresarial. Su enfoque en la integración de estas tecnologías emergentes en estrategias comerciales ofrece una perspectiva valiosa para aquellos interesados en aprovechar el poder de los datos para mejorar la toma de decisiones y el rendimiento empresarial.

→ TASCÓN, M.: *Big Data y el internet de las cosas: qué hay detrás y cómo nos va a cambiar.* Madrid: Los Libros de la Catarata, 2020.

Explora de manera profunda y perspicaz el impacto y las implicaciones de la convergencia entre *big data* y el Internet de las Cosas. Lectura esencial para aquellos interesados en comprender el futuro digital y sus implicaciones.

→ TORRES I Viñals, J.: *Del cloud computing al big data: visión introductoria para jóvenes.* Barcelona: UOC. 2012.

En esta obra se habla del *cloud computing* y de su influencia en la economía y la sociedad, y de cómo esto desencadena en la nueva forma de ver los datos: el *big data*.

→ WHITE, T.: *Hadoop: The Definitive Guide.* O'Reilly Media, 2015.

Obra fundamental en el campo del procesamiento de grandes datos. Esta edición ofrece una cobertura exhaustiva de *Hadoop* y sus componentes, proporcionando a los lectores una comprensión profunda de cómo diseñar y desarrollar sistemas escalables para el análisis de datos a gran escala.

Textos electrónicos

→ EMILIO.: *El libro verde del big data,* de:
<http://www.stratebi.com/documentos?p_p_id=110_INSTANCE_fWn4O0cRAQZm&p_p_lifecycle=0&p_p_state=normal&p_p_mode=view&p_p_col_id=column-1&p_p_col_count=1&_110_INSTANCE_fWn4O0cRAQZm_struts_action=%2Fdocument_library_display%2Fview_file_entry&_110_INSTANCE_fWn4O0cRAQZm_fileEntryId=99618>.

Stratebi es una empresa española especializada en *business intelligence* y *big data*, y la visualización con tecnologías *open source*. Este libro habla sobre el *big data* y algunas de las herramientas *open source* utilizadas, así como de los diferentes tipos de almacenamiento de datos.

→ INSTITUTO DE INGENIERÍA DEL CONOCIMIENTO. *Las 7 V del big data: características más importantes,* de: <http://www.iic.uam.es/innovacion/big-data-caracteristicas-mas-importantes-7-v/>.

En este blog se enumeran y definen las características del *big data* según 7 palabras que comienzan por V como evolución de las palabras iniciales: volumen, variedad y velocidad.

→ JORDÁ, E.: *El RGPD, un nuevo marco legal en la gestión de datos,* de: <https://www.ekon.es/blog/2017/09/un-nuevo-marco-legal-para-el-big-data>.

Este artículo explica los aspectos más relevantes que introduce el nuevo Reglamento de Protección de Datos Europeo.

→ LÓPEZ, R. E.: *Introducción a la big data,* de:
  <https://iaarbook.github.io/bigdata/>.

  Recurso digital donde se aporta información sobre el *big data* y *Hadoop.*

→ LÓPEZ, R. E.: *Introducción al machine learning,* de:
  <https://iaarbook.github.io/ML/>.

  Recurso digital donde se aporta información muy completa sobre el *machine learning.*

→ PANIAGUA, E.: *Big data. El poder de los datos,* de:
  <https://www.fundacionbankinter.org/documents/20183/42758/
  Publicaci%C3%B3n+Big+data/cc4bd4e9-8c9b-4052-8814-ccbd48324147>.

  Texto en el que se hace una reflexión de la influencia de los datos en todas las áreas de la sociedad, cambiando la forma de trabajar y pensar.

→ POWER DATA: *Data management. La gestión de datos eficaz.* de:
  <https://landings.powerdata.es/data-management-la-gestion-de-datos-eficaz>.

  Power Data proporciona servicios de consultoría a las empresas para la gestión de sus datos.

→ RECUERO, P.: *Big data y Hadoop,* de:
  <https://data-speaks.luca-d3.com/2017/09/big-data-y-hadoop-episodio-i.html>.

  Un artículo muy interesante dividido en una serie de post, en los que se habla de *Hadoop,* sus características, aplicaciones y diferentes distribuciones.

→ SERRANO, A.: Big data: desde los inicios hasta hoy, de:
  <http://ideasparatuempresa.es/big-data-desde-los-inicios-hoy/>.

  En este artículo se enumeran cada uno de los acontecimientos que han hecho evolucionar al *big data* hasta el día de hoy.